A PENCIL

SPRAY ADHESIVE

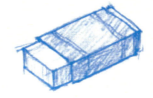
AN ERASER

用具選びからはじまる
製図のキホン

ル・コルビュジエに学ぶ建築表現

内田青蔵・井上祐一・須崎文代・渡邉裕子・谷口久美子

A TRIANGULAR ARCHITECT SCALE

ADJUSTABLE TRIANGLE

A TAPE MEASURE

ERASING SEALED

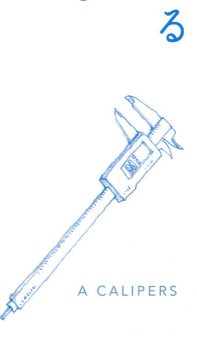
A CALIPERS

A TRIANGLE

A SKETCHBOOK

柏書房

はじめに

　みなさん、スイス生まれの建築家で、フランスで活躍したモダニストといえば誰を思い浮かべますか？
　そう、ル・コルビュジエ（Le Corbusier, 1887-1965）のことですよね。日本では1928（昭和3）年、建築家・前川國男が東京帝国大学の卒業式の直後に、建築を学ぶために向かった先が、このル・コルビュジエのもとであったことがよく知られています。ル・コルビュジエの作品は、日本にもあります。東京・上野公園の国立西洋美術館がそうです。そして、この建物と道路を挟んだ向かいには、弟子の前川が手掛けた東京文化会館があり、この一帯はル・コルビュジエのめざしたモダン建築の空間を体感できるサンクチュアリとなっていることでも知られています。
　このように日本にも影響を与えたル・コルビュジエは、まさしく世界に波及した現代建築を生み出した巨匠のひとりです。とりわけル・コルビュジエがよく知られているのは、次々と魅力的で斬新な建築をつくり続けただけではなく、自ら手掛けたモダン建築の原則を明快にわかりやすい言葉で発表し、誰でもが新しい建築を手掛けることができるようにしたことによります。それは、1926年頃、日本では昭和という新しい時代が始まった時期と重なります。
　さて、ル・コルビュジエの発表した原則は、「近代建築の五原則」と呼ばれています。5つの原則とは、①ピロティ、②屋上庭園、③自由な平面、④水平連続窓（横長の窓）、⑤自由な正面（ファサード）です。これらの原則は、鉄筋コンクリート構造という新しい構造システムを用いることにより、さまざまな建築表現の可能性を示したのです。具体的には、ピロティとは、建物を柱で持ち上げ、建物と地面を切り離し、その関係性を取り去り、地上面を開放し、また、どこでも自由に建設できることを示しています。屋上庭園は、屋根を勾配屋根から平らな陸屋根にすることで、屋根が人工地盤として自由に使えることを示しています。自由な平面、水平連続窓、そして自由な正面とは、伝統的な石やレンガ造による建築には構造体として厚い壁が存在していたのですが、鉄筋コンクリート造による柱と梁の組み合わせの新しい構造体を用いることで、壁は構造体ではなく空間を仕切るだけの役割しか持たなくなり、そこから生まれる多様な建築表現の可能性を示しています。鉄筋コンクリート構造の建築が広く普及した現在、ル・コルビュジエの「近代建築の五原則」は、当たり前のことのように思われますが、まさしく、この原則が公にされたことにより、現在の当たり前の建築が生み出されたといえるのです。
　ちなみに、戦前期の日本の建築系雑誌には、頻繁にル・コルビュジエの作品が紹介されています。当時の建築家たちが、彼をどう捉えていたかを示す興味深い記事が1928年の雑誌に掲載されました。この記事では、明治以降の建築様式の変化を、①「古典」→②「セセッション」→③「表現主義」→④「ル・コルビシエ」→⑤「純合理主義」の5段階の変化として捉えています。ル・コルビュジエのものだけが、様式名称ではなく個人名で表現されています。記事が掲載された1928年当時、まだ、彼の主張が様式ではなく、あくまでも彼個人の作風として捉えられていたことが窺えます。いずれにせよ、当時注目の建築家であったことは間違いありません。そして、多様な受け取り方があったと思いますが、ル・コルビュジエの手掛けた建築は、新しい時代の建築のモデルとして多くの建築家たちにさまざまな影響を与えたのです。
　さて、本書では、実際に建築の表現方法を学ぶ際の事例として、ル・コルビュジエの作品を用いることにしました。世界各地の建築家たちが受けた刺激を追体験しながら、建築を学んでいただきたいということです。当然ながら、1920年代の建築家が受けた衝撃と同じとはいえないまでも、ル・コルビュジエの作品は今でもその新鮮さを失ってはいません。まだまだ、学ぶべきものがたくさん詰まった宝庫なのです。本書を通して建築表現を学び、超えるべき建築デザインの原点としてのル・コルビュジエの建築に触れながら、いわば、戦う相手をよく知ることにより、それを超えた新しい刺激的なデザインを生み出してほしいと願っています。

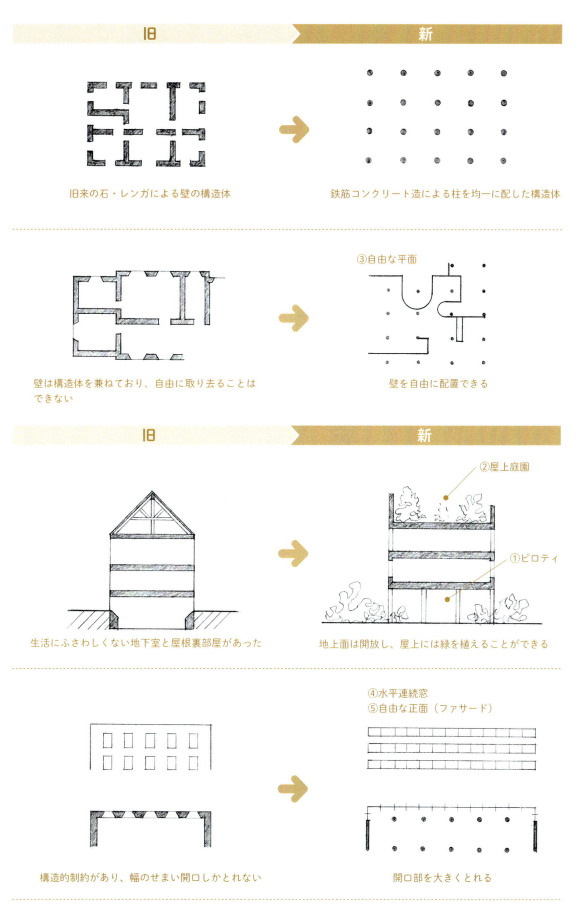

ル・コルビュジエは、自著において、新旧の建築の様相を対比的に描きながら、自らの主張する「近代建築の五原則」を紹介しています。（『Le Corbusier Œuvre complète　Volume1・1910－29』(Birkhauser,1996) より作成）

CONTENTS

はじめに……………………………………………………………………………………002

Chapter.1……………………………………………………………………………005
いつも使う用具と使い方

Chapter.2……………………………………………………………………………013
線を引く

Chapter.3……………………………………………………………………………021
立体を図面で表現する

Chapter.4……………………………………………………………………………025
実測から図面へ──スケール感を学ぶ

Chapter.5……………………………………………………………………………031
図面表現のキホン

Chapter.6……………………………………………………………………………049
ル・コルビュジエの最小限住宅を描く

Chapter.7……………………………………………………………………………075
建築表現のいろいろ
──ル・コルビュジエのドミノシステムに学ぶ表現

Chapter.8……………………………………………………………………………115
ドミノシステムのインテリア計画

参考文献……………………………………………………………………………………126

Chapter.1
いつも使う用具と使い方

ナンジュセール・エ・コリ通りのアパート：自邸アトリエ　1934
閑静な住宅街で1931年に計画が始まり1934年に竣工したアパートの最上階が、自邸兼アトリエとしてル・コルビュジエが亡くなる1965年まで使われた。隣棟との堺壁のレンガは仕上げを塗らずに意匠としている。

Chapter.1 いつも使う用具と使い方

1. 用具を知る
― 「書く」ことと「描く」こと

文字や図、絵・イラストで表わすには用具が必要です

❶ 「書く」「描く」用具には、鉛筆（芯の硬さ 2H、H、F、HB、B、2B……）、ホルダー、シャープペンシル、色鉛筆、色鉛筆（水彩）、筆・絵の具、カラーペン（ドライマーカー、コピックペンなど）、パステルなどがあります。

鉛筆

ホルダー

シャープペンシル

筆

コピックペン

ドライマーカー

❷ 消すには、プラスチック消しゴム、字消し板（シールド）、刷毛（はけ）、羽箒（はぼうき）などを用意しましょう。

消しゴム

字消し板

羽箒

❸ 用紙には、ケント紙、トレーシングペーパー（トレペ）、クロッキー帳などがあります。

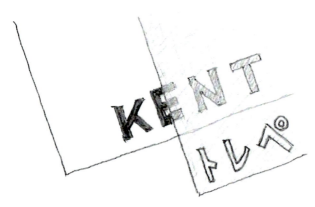
薄くて硬いケント紙、半透明のトレーシングペーパー

いつもバッグにクロッキー帳を！

【道具は分身】
道具（用具）は、指の延長です。脳の指令を細やかに紙の上に伝えます。長年使い込んだ道具は、身体の一部です。だから、道具には使う人のくせ（癖）がついています。

④ 定規には用途に合わせて種類があります。平行定規、三角定規、直定規など。

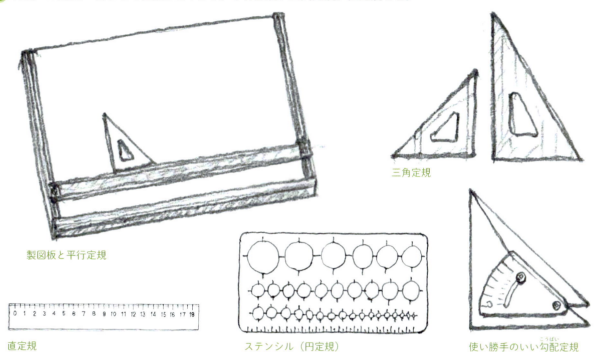

製図板と平行定規

三角定規

直定規

ステンシル（円定規）

使い勝手のいい勾配定規

⑤ 計測（測る）用具にも専門性が見えます。三角スケール（縮尺）、コンベックス（巻尺）など。

縮尺で測る三角スケール

コンベックス（巻尺）は、バッグに入れて持ち歩き、いろいろ測って、最適な寸法をおぼえましょう。

紙のサイズいろいろ……紙にはサイズがある

⑥ A判とB判のJIS（日本工業規格）用紙のうち、製図では主にA判を使用します。
製図に使用する主な用紙は、ケント紙とトレーシングペーパーです。サイズはA判、B判などがありますが、主にA判を使用します。A1の寸法をおぼえておけば、A2は半分のサイズですからA1長辺1/2×A1短辺となります。長辺＝短辺×√2です。

	A判		B判
A0	841×1189	B0	1030×1456
A1	594×841	B1	728×1030
A2	420×594	B2	515×728
A3	297×420	B3	364×515
A4	210×297	B4	257×364
A5	148×210	B5	182×257

Chapter.1　いつも使う用具と使い方

2. 用具を使う
―製図の命「線」を引くには、心も準備

「芯を研ぐ」と「紙を貼る」

ホルダーの芯は、シャープナー（研芯器）で研ぎましょう

シャープナーでは、「やや尖る」「鋭く尖る」の2種類の研ぎ方ができます。

シャープナーの上部には、2つの台形の表示と2つの穴があります。台形の表示には、あまり尖っていないものと尖っているものがあります。この穴に芯を入れて長さを調節します。尖った表示の穴の長さの芯をシャープナーで研ぐと、芯が尖って仕上がります。

表示と穴
表示
穴

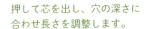
押して芯を出し、穴の深さに合わせ長さを調整します。

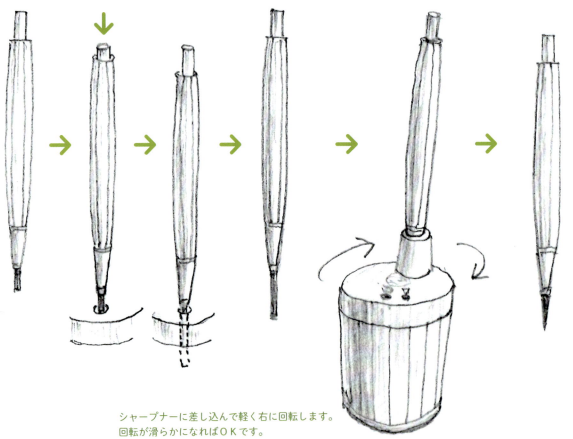
シャープナーに差し込んで軽く右に回転します。回転が滑らかになればOKです。

【線は言葉】
　私たちが引く一本の線には、大切な意味が込められています。建築現場では、その線を読み取って製作・建設されます。

平行定規と勾配定規

●平行定規

平行定規に付いている説明書を読んで、各部の機能や使用方法を確認しましょう。

使用方法を間違っておぼえると、使いづらいのはもちろんのこと、用具の破損を招くこともあります。最初が肝心です。一度身についた間違いを修正するのは難しいことです。

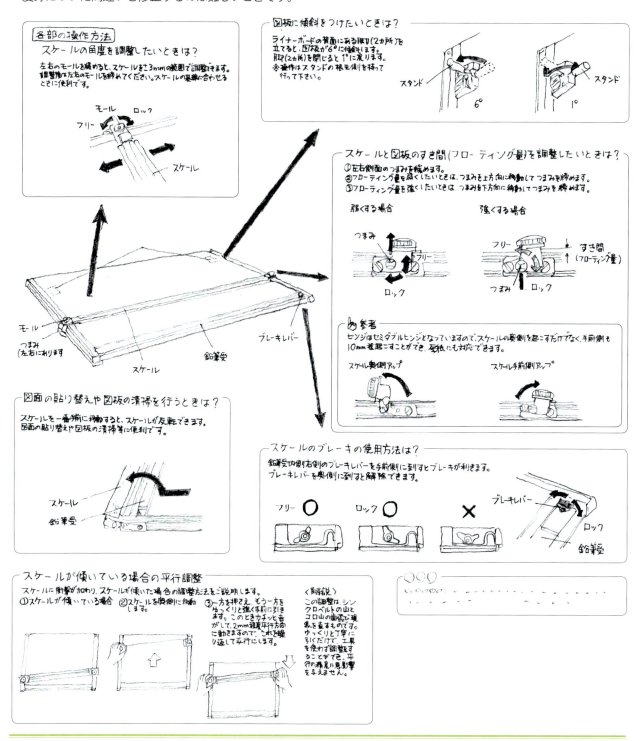

【道具はやがて宝物に】

私たちが使用する多くの道具は、使っているうちにわずかに変化し、使用者の癖がついていきます。すなわち、道具は使用する人の身体や手、指の延長として使いやすい状態に変化するのです。

道具は、大切に使えば人生の友となり、使い込んだ道具は、大切な宝物になることでしょう。

● 勾配定規

ねじを調節して、角度を自由に決めることができる便利な三角定規です。

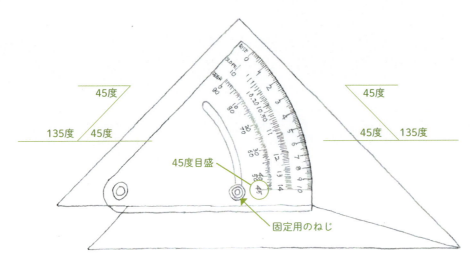

例えばDEGRの30に赤いラインを合わせると、図のように30度の角度の線を引くことができます。反対側は60度になります。

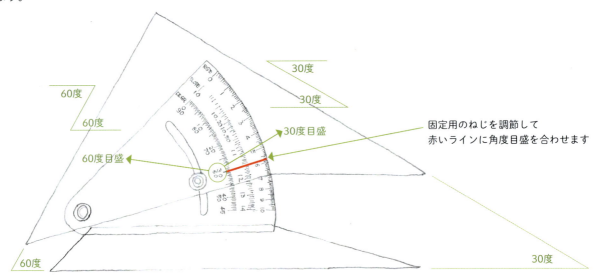

目盛は、3つあります。RISE、SLOPE、DEGRです。よく使う角度はDEGRです。RISEは、屋根勾配を描くのに便利です。

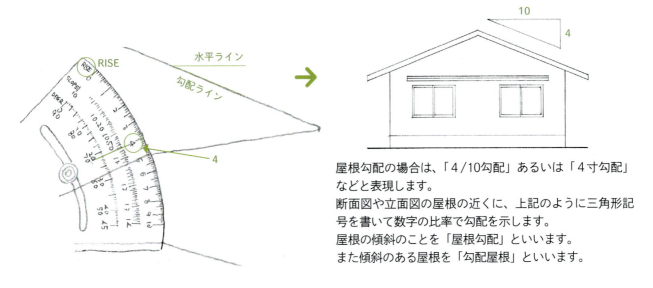

屋根勾配の場合は、「4/10勾配」あるいは「4寸勾配」などと表現します。
断面図や立面図の屋根の近くに、上記のように三角形記号を書いて数字の比率で勾配を示します。
屋根の傾斜のことを「屋根勾配」といいます。
また傾斜のある屋根を「勾配屋根」といいます。

水平線・垂直線・斜線の引き方…一度おぼえた間違いは、なかなか修正がきかない
製図板に用紙を貼るには、用紙を平行定規に水平を合わせて固定する

平行定規を使用して、線を、左から右へ引きます（右利きの場合です。左利きの場合は右から左へ引きます）。用紙の上部から引きはじめ、順に平行定規を下方に移動して引きます。その理由は、紙面の汚れを少なくするためです。

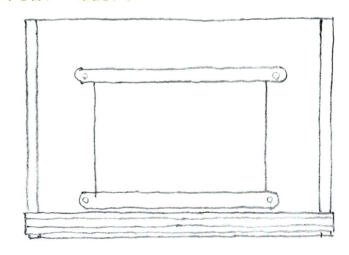

水平線を引くには

水平の線は、平行定規を使いホルダー（筆記具）を左から右へ移動して引きます（右利きの場合です。左利きの場合は右から左へ引きます）。
ホルダーは前後左右にぶれないように、一定速度で動かしましょう。

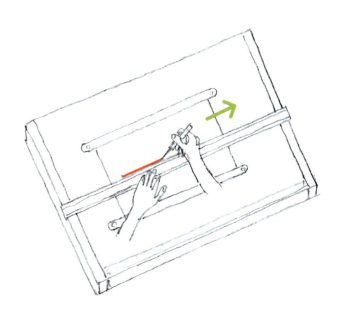

垂直線を引くには

平行定規と三角定規を使用して、線を下から上へ引きます。三角定規は、左側が垂直となる方向で使用します（右利きの場合です。左利きの場合は右側が垂直となるように使用します）。
ホルダーは進行方向に傾けて線を引きます。

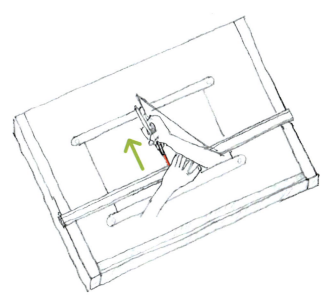

斜線を引くには

右上がりの線は、上り方向へ引きます。右下がりの線は、下り方向へ引きます（左利きの場合は逆方向に引きます）。

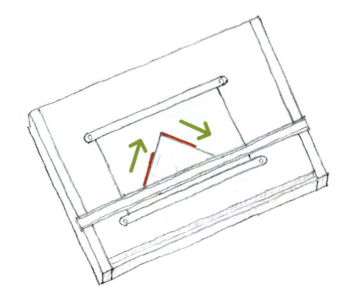

ホルダー（筆記具）も使いよう

作図補助線のような薄い（弱い）線は、ホルダーの少し上のほうを持ち、進行方向にやや角度を倒して引きます。濃い（強い）線は、ホルダーの少し下のほうを持ち、やや角度を起こして引くと力が入り、しっかりした線を引くことができます。

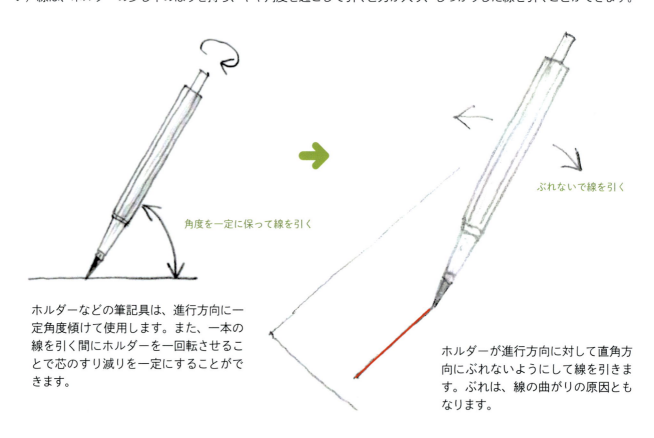

角度を一定に保って線を引く

ホルダーなどの筆記具は、進行方向に一定角度傾けて使用します。また、一本の線を引く間にホルダーを一回転させることで芯のすり減りを一定にすることができます。

ぶれないで線を引く

ホルダーが進行方向に対して直角方向にぶれないようにして線を引きます。ぶれは、線の曲がりの原因ともなります。

【ホルダーの角度】
進行方向に傾けて、一定の角度で引きます（ぶれないようにしましょう）。進行方向以外にもぶれないように気をつけて一定速度で引きましょう。

【ホルダーを回転】
一本の線を引く間にホルダーを無理なく回転させて、芯のすり減りを均一にしましょう。

Chapter.2
線を引く

ラ・トゥーレット　1960

リヨンの北西約20kmに位置する小さな町エヴーの丘の傾斜地に建つRC打ち放しのカトリックドミニコ会修道院。設計にあたって、依頼主クチュリエ神父の指示により、ル・コルビュジエはル・トロネ修道院を調査し、影響を受けた。

Chapter.2　線を引く

平行定規の使い方の確認と点検をする

Chapter.1に示したように、取扱説明書を確認して、各部に不具合がないか点検しましょう。

線には種類と意味がある

表現するものの外形（姿）、あるいは切り口（断面）などにより、使用する線の種類が異なります。また、同種の線でも太さにより意味も変化します。あるいは、縮尺により線の太さは変化します（40ページ参照）。

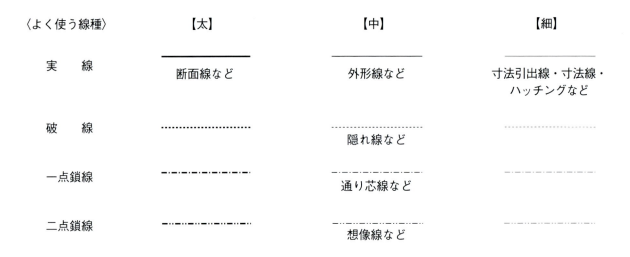

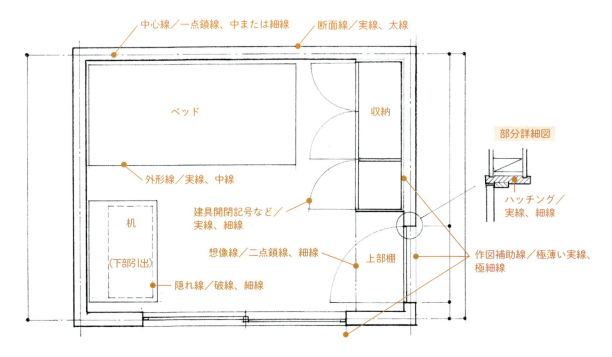

> **Point**
> 立体感（奥行感）のある図面を描くには、例えば同じ外形線でも、手前にあるものはやや太く描きます。また、破線のように短い線は太く見えやすいので、やや細めに描きましょう。

はじめは作図補助線を使って下図描きをする
用紙を貼る

製図板に、平行定規に合わせて用紙を固定します。用紙は、平行定規および三角定規が扱いやすい位置、また描く姿勢が安定する位置に貼りましょう。

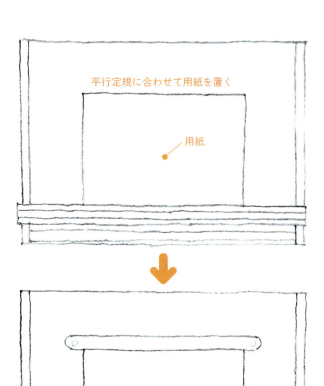

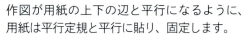

作図が用紙の上下の辺と平行になるように、用紙は平行定規と平行に貼り、固定します。

> **Point**
> 用紙は、微妙に移動してずれていることがあります。
> はじめに引いた線を基準にして、平行定規で時々チェックしましょう。

【何事も手順】
手順を間違えると、簡単にできるはずのことが手間取り、結果は「そんなはずでは……」ということにもなります。はじめに間違った手順をおぼえてしまうと、あとで修正するのは至難の業ということになりそうです。

水平線の平行線を引く

水平線は、平行定規を使って左から右へ引きます（右利きの場合です）。
用紙の上側から下側へ、順に平行定規を移動し平行線を引きます。上から順に引けば、用紙が汚れにくく美しく仕上がります。

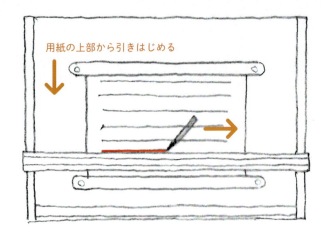

水平線は左から右へ、上から下へ順に引く。
理由は、汚れを少なくするため。

水平な線は上から順に、左から右へ引きます！（左利きの場合は逆になります）

垂直線の平行線を引く

垂直線は、三角定規あるいは勾配定規を使って下から上へ引きます。三角定規は下図のように使用し、左側から右側に向かって平行定規に合わせて移動し、線を引きます。
三角定規は、左側が垂直となる方向で使用します（右利きの場合です。左利きの場合は右側が垂直となるように使用します）。

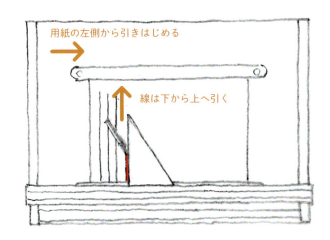

三角定規は斜辺が右側にくるようにして使用するように注意しましょう。
左利きの場合は三角定規の斜辺を左側にして使用します。

垂直な線は左から順に、下から上へ引きます！（左利きの場合は逆になります）

最初は、あとで消さなくてもよい極薄い「作図補助線」を使って下描きし、用紙に対する図の配置バランスがいいかどうかを確認します。訂正箇所があれば下描き時点で訂正します。濃く引いた線を消すと用紙が汚れやすいため、美しい紙面に仕上げるには作図補助線が重要な脇役となるのです。

斜線の平行線を引く

斜線は三角定規あるいは勾配定規を使って引きます。右上がりの線は下から上へ、右下がりの線は上から下へ引きます。右上がりの線は、三角定規を左から右へ移動して線を引きます。右下がりの線の場合は、右から左への移動となります（左利きの場合は逆方向に移動します）。

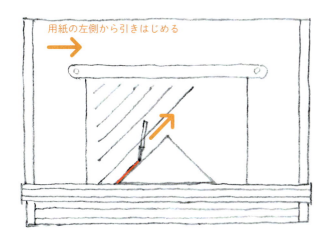
用紙の左側から引きはじめる

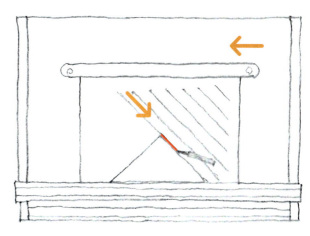

> **Point**
> 斜線は三角定規（三角山）を左から上り、右へ下ります！（左利きは逆になります）

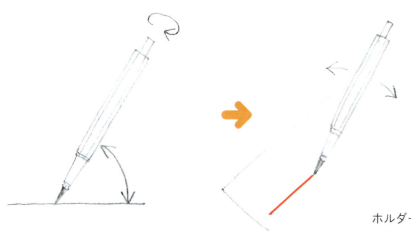

〈復習〉
ホルダーなどの筆記具は、進行方向に一定角度傾けて使用します。また、一本の線を引く間にホルダーを回転させることで芯のすり減りを一定にすることができます。
➡きれいな線が期待できます。

ホルダーの進行方向に対し、左右にぶれないことで、まっすぐな線（直線）が引けるのです。

【線を引く道具】
ホルダーや鉛筆のほかにも鉛筆同様の芯を使った、製図用シャープペンシルがあります。
また、インクで線を引くロットリングペンなどがあります。ロットリングペンができる前は、烏口（からすぐち）という道具を使用し、黒インクの線を引いていました。烏口は、コンパスセットの中に入っているのを見かけることがあります。

烏口

線の練習は、製図の第一歩

Step.1 図面の枠と名称欄をしっかり引きましょう

はじめに、用紙の端から10㎜の周囲に枠線を引きましょう。というのは、用紙の端が損傷する場合があるからです。作図は用紙の端ぎりぎりに描かないように気をつけましょう。

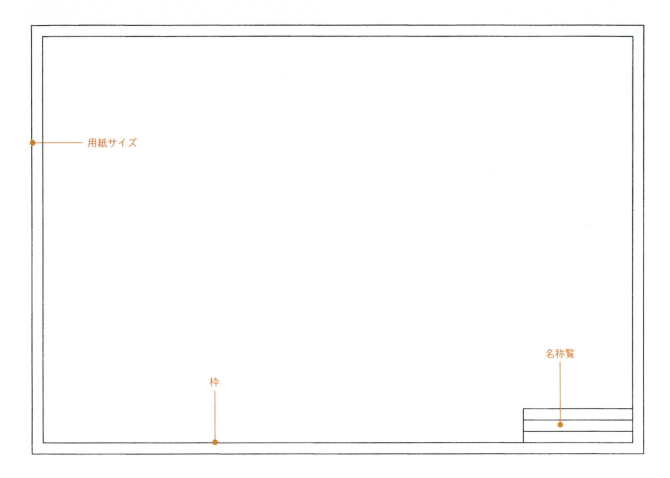

① 用紙の上下左右の端から10㎜内側に、枠線を引きます。はじめは作図補助線（あとで消さなくてもよい薄い線）を引き、枠位置を確認後、濃い太線で仕上げましょう。
② 名称欄を描こう。ここでは、タテ30㎜、ヨコ90㎜、10㎜×3行の欄をつくります。
　※名称欄は、設計者（設計事務所など）により形態が異なります。

Point
枠線は、明瞭な線をしっかりと引くことで図面全体の良さを引き出すことができます。
作成者の図面に対する思いを示す線なので、緊張感を持って引きましょう。

【用紙】
製図あるいはドローイングには、ケント紙やトレーシングペーパーをよく使います。設計・デザインを描きとめた用紙は、アイデアの蓄積であり、設計者の糧ともなります。

Step.2 水平線、垂直線、斜線は次のように引きます

作図補助線を使って、水平線 ➡ 垂直線の順に線を引きます。
三角スケールを使って線を引く間隔を測り、しるしを付けてから線を引きます。作図補助線が引けたら、間違いチェックをします。間違いがなければ、あとから引く斜線はきれいに引けます。

❶ 水平の線を、ホルダー（鉛筆）を左から右へ移動して引きます（左利きの場合は右から左へ）。

作図補助線による水平線
10mm間隔

❷ 垂直線は、下から上へ、左側から右側へと順に引きます。

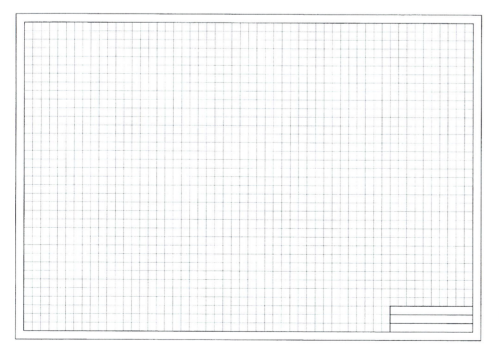

作図補助線による
10mmのグリッド（升目）

Step.3　仕上げ線を引いてできあがり

水平線を実線 ➡ 破線 ➡ 一点鎖線　の順に引きましょう。

1）補助線にしたがって、上から順に2本おきに実線（太線）を引きます
2）次に破線（中線）を実線同様に上から順に引きましょう。
3）最後に一点鎖線（中線）を引いて、水平線を終了します。
4）垂直線を同様に用紙の左側から、実線、破線、一点鎖線の順に引きます。
5）斜線（45度）は、用紙左上から右側へ順に引きます。線は下から斜め上へ引きます（右利きの場合）。
　　実線（太線）からはじめて、破線（中線）、一点鎖線（中線）の順に引きましょう。
6）45度右下がり線は、用紙右上から順に左側へと引きましょう。線は、上から下へ引きます（右利きの場合）。実線からはじめて、破線、一点鎖線で終了です。

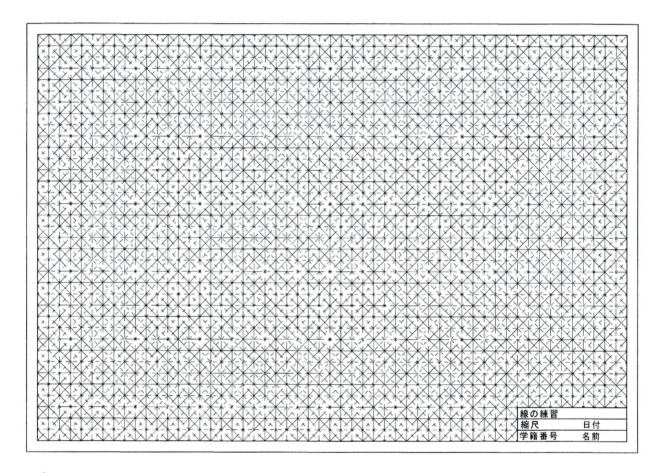

Point

タテ（垂直）線とヨコ（水平）線の10mmグリッドが正確に引いてあれば、45度の斜線はタテ線とヨコ線の交点を結んだ線となります。

【等間隔で線を引く】
等間隔で正確に線を引くことは、根気のいる地道で大変な作業です。この大変な作業により手順をおぼえ、ていねいに美しい線を引く技を身につけることが重要です。「美しい線を引く」ことは、「美しい製図を描く」ことや「美しい模型を制作する」ことに通じる建築表現の原点といえる作業なのです。

Chapter.3
立体を図面で表現する

スイス学生会館　1932

パリ国際学生都市にある学生会館。動物の骨を思わせるRCの太い柱の上にスラブをつくり〈ピロティ〉、2階以上は鉄骨構造となっている。個室のサッシュは水平方向に連続していて、ユニテ・ダビタシオンのようなバルコニーはない。最上部には屋上庭園がある。

Chapter.3 立体を図面で表現する

正投影　第一角法三面図と第三角法三面図／平面図、正面図、側面図

正投影は、物体の形態を平行に画面に投影するもので、第一角法と第三角法があります。
三面図は、物体を平面図、正面図、側面図の3つの図を用いて表す方法で、ほとんどの物体は三面図でその形態を理解することができます。
第一角法は、主に展開図や天井伏せ図などインテリアを表現する図面に用いられます。また、第三角法は、主に建築の立面図（南、東、北、西）など外観を表現する場合や家具図に用いられます。

象限および人・物体・画面

三面図については、まず空間を4つに区切り、それぞれを第一象限、第二象限、第三象限、第四象限とします。第一象限と第四象限では、物体の後ろにある画面（PP：Picture Plan）に形態が投影され、第二象限、第三象限では、物体の前にある画面に投影されます。
人、物体、画面（PP）の関係で見ると、前者は人→物体→画面であり、後者は人→画面→物体という順に配置されています。
以上のように、第一象限と第四象限には同じ投影、第二象限と第三象限には同じ投影がされるため、通常、最初の第一象限および第三象限の2つを使用して三面図を描きます。

第一角法

第一角法は、主に展開図や天井伏せ図などインテリアを表現する図面に用いられます。第一角法は、第一象限と呼ばれる空間に置かれた物体を、物体の後ろにある画面に形態を投影して表す方法です。

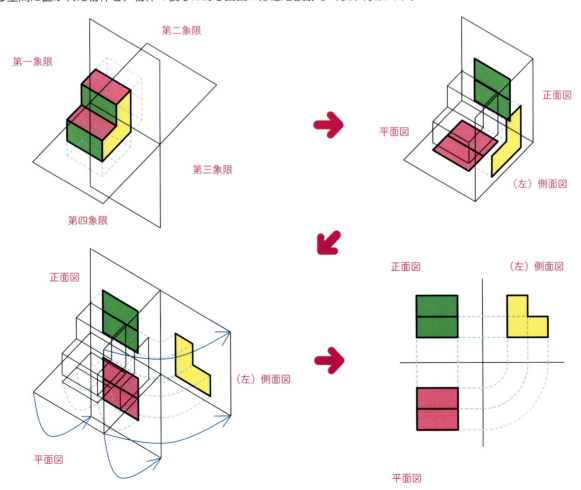

第三角法

第三角法は、主に建築の立面図（南、東、北、西）など外観を表現する場合や家具図に用いられます。第三角法は、第三象限と呼ばれる空間に置かれた物体を、物体の手前にある画面に投影して形態を表す方法です。

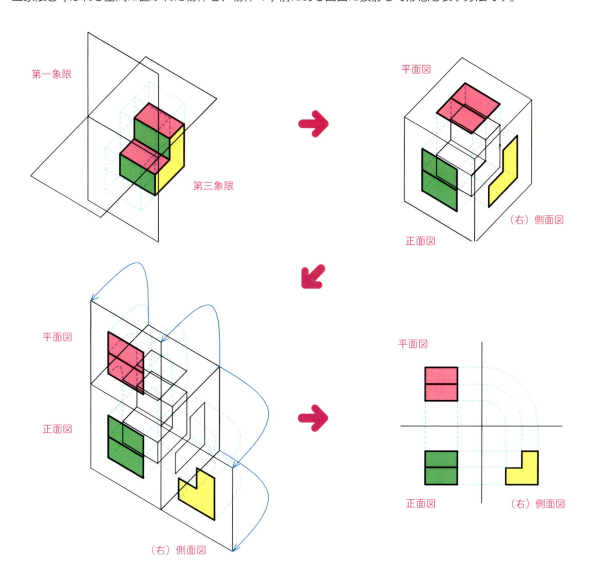

第三角法三面図は、平面図の下に正面図、正面図の右側に（右）側面図が配置されます。

最終的には、三面図のみを描き、寸法や書き込み（文字）、縮尺など必要な事項を示した図面に仕上げます。

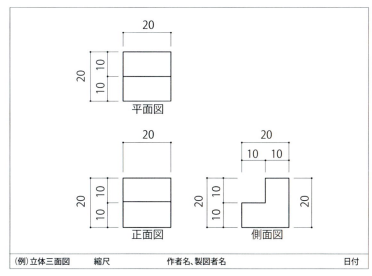

アクソノメトリック（アクソメ）

アクソメは、平面図を30度60度に傾け、高さを立ち上げることで立体を表現する方法です。立方体を表現する場合、間口W：奥行D：高さHを1：1：1にすると高さが高く見えて不自然なため、高さHを0.7、0.6、0.5として描くことが多いのです。下図から自分がいいと思う数値を見つけましょう。

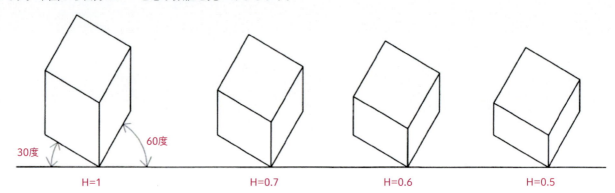

アイソメトリック（アイソメ）

アイソメは、等角投影図ともいい図の中心の3つの角の角度が等しい図で、その角度は120度です。
水平線から30度の線に、垂直方向に高さを描きます。
立方体の場合は、間口W：奥行D：高さHを1：1：1に描きます。

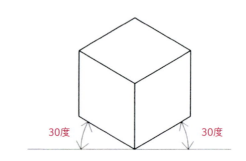

その他の図法／斜投影

斜投影図には、平面斜投影と立面斜投影があります。平面斜投影は、平面図を基にして45度などの角度で高さを立ち上げます。立面斜投影は、立面図を基にして奥行をつけます。

平面斜投影を使って、立方体を描く場合、間口W：奥行D：高さHを1：1：1の比率で描くと高さが高く見えるので、高さを0.5で描くと右図の右側の図のように自然な感じに見えます。

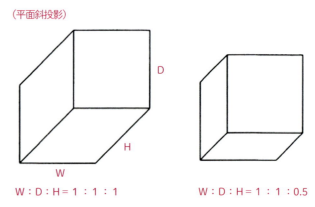

立面斜投影を使って立方体を描く場合は、W：D：H＝1：0.5：1の比率で描くと右図のように自然な感じに見えるようになります。

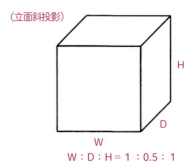

【人間の目では、このように見えはしないが……】
アクソノメトリックなどは奥行や高さなどを平行に描く方法です。人間の目は距離が離れるほど小さく見えるので、私たちは立体をこのような形で見ることはないのです。しかし、模式図などに適した図法といえます。

Chapter.4
実測から図面へ
―スケール感を学ぶ

ユニテ・ダビタシオン・マルセイユ　1952

各地に建てられた集合住宅の中でも最もよく知られている。構造はRCで、ピロティの上部には、プレハブ化されたメゾネットの住戸がはめ込まれている。各戸にはバルコニーが設けられ、ファサードに縦長のブリーズ・ソレイユ（日よけ）が取り付けてある。屋上庭園、幼稚園、体育館、アトリエ、ホテル、店舗、オフィスなどの都市機能が配されている。ホテルの造り付けデスクは、垂直と水平の板材に、細めの脚がバランスの取れたフォルムを形成している。窓の外はバルコニーで、コンクリートの手すりとテーブルが一体としてつくられている。

Chapter.4　実測から図面へ―スケール感を学ぶ

この章では、ル・コルビュジエのイス（ソファ小タイプ「グラン コンフォール」1928年）を実測してみましょう。

Step.1　よく観察し、測って大きさを体感する

測る前に形態をよく観察し、見取り図（スケッチ）を描きます。必要な寸法を記入できるように寸法線などをあらかじめ引き出しておくと後が楽です（野帳の作成）。次に、コンベックス（巻尺）、ものさし、ノギス、直角定規（スコヤ）などの計測用具により、正確に測りましょう。

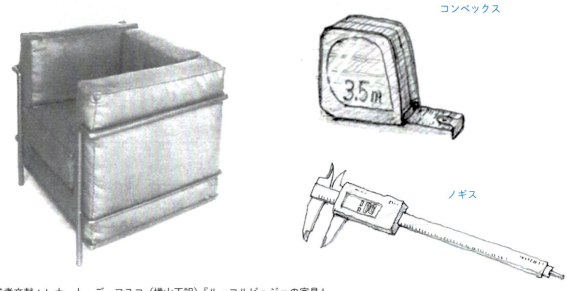

参考文献：レナート・デ・フスコ（横山正訳）『ル・コルビュジェの家具』
（現代の家具シリーズ2、エーディーエー・エディタ・トーキョー、1978年）

Step.2　間違いのないように記録する／野帳（フィールドノート）

① クロッキー帳などに対象のスケッチをします。
　スケッチは、形態全体がよくわかる方向から見て、連続した線で描きます。
　できるだけ比例関係が崩れないように気をつけましょう。

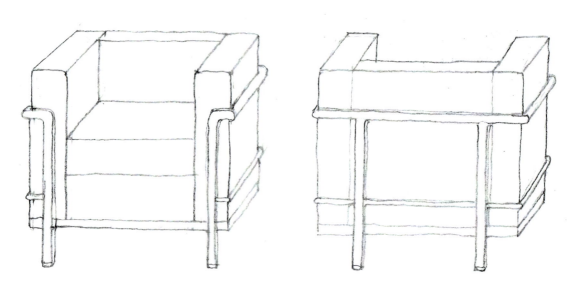

❷ 描いたスケッチに必要な箇所の寸法線を引き出します。
測り漏れのないように、寸法線の描き忘れに注意しましょう。

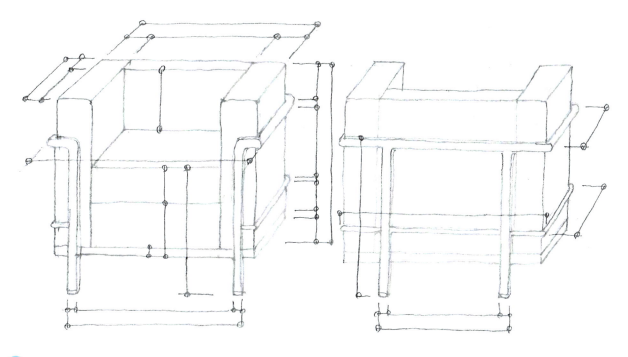

❸ 各部の寸法を測ります。はじめは、全体（長い）寸法から測ります。小さい（短い）寸法の和と大きい寸法の一致が確認できれば、実測終了です。

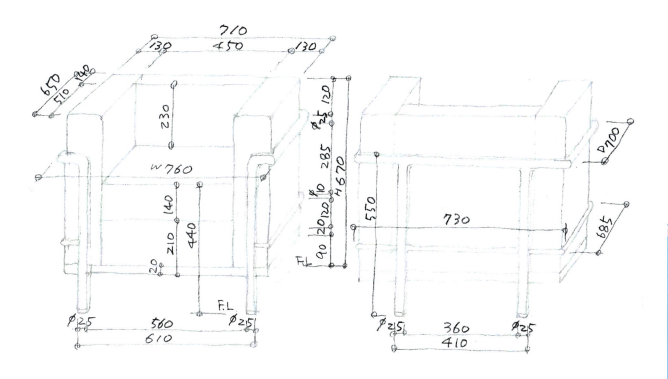

> **Point**
> 寸法をすべて測り終わったら、測り漏れがないように再確認（チェック）します。

Step.3 製図により表現する／三面図

図面表現の基本は三面図と呼ばれる、平面図・正面図・側面図の3つの面による表現です。表現方法には、第一角法と第三角法があります。

第一角法の各図は、平面図の上に正面図、正面図の右に側面図（左側面図）が並びます。

第三角法の各図は、平面図の下に正面図、正面図の右に側面図（右側面図）が並びます。

> **Point**
> 各図面の並びが違うと、三面図としての意味がなくなります。三面図として成立しないのです！

第一角法で三面図を描く

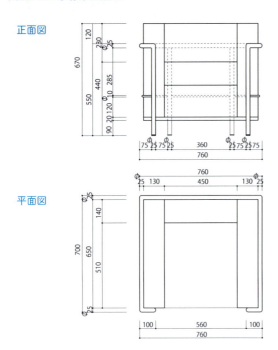
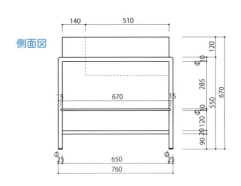

> **Point**
> φは直径を示しています。

第三角法で三面図を描く

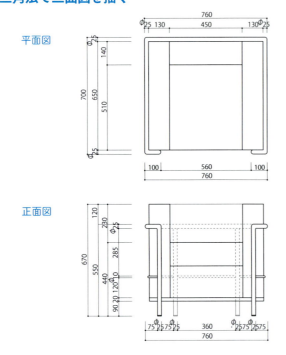
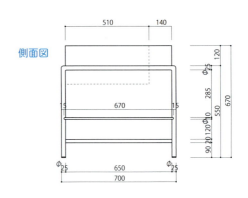

Step.4　製図による表現／アクソノメトリック（アクソメ）とアイソメトリック（アイソメ）

アクソノメトリック（アクソメ）による表現

アクソノメトリックは、通常アクソメと呼ばれ、立体的に表現する簡易な図法です。
平面図をそのまま使用し、水平に対して60度・30度に傾けた状態で高さを垂直方向に立ち上げます。ただし、平面図寸法はそのまま使用しますが、高さは×1、×0.7、×0.6、×0.5などで表現します。

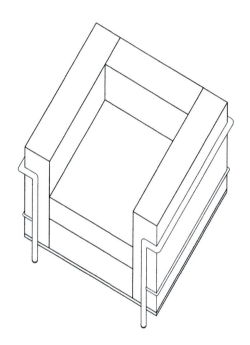

> **Point**
> アクソメは、W（間口）／D（奥行）／H（高さ）
> ＝1／1／1、0.7、0.6、0.5で描きましょう。

4-2　アイソメトリック（アイソメ）による表現

アイソメトリックは、通常アイソメと呼ばれ、アクソノメトリックと同様によく使われる表現方法です。水平に対して平面図の各辺が60度になるように変形させて描き（菱形状）高さを垂直方向に立ち上げて立体図とします。

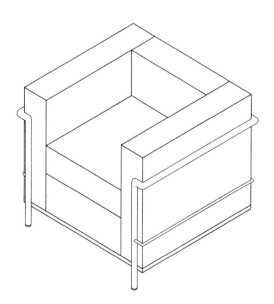

> **Point**
> アイソメは、W（間口）／D（奥行）／H（高さ）
> ＝1／1／1で描きましょう。

アクソメとアイソメを比較すると、アクソメは形態に多少の違和感があるため、アイソメのほうがよく使われます。

ル・コルビュジエのイスあれこれ

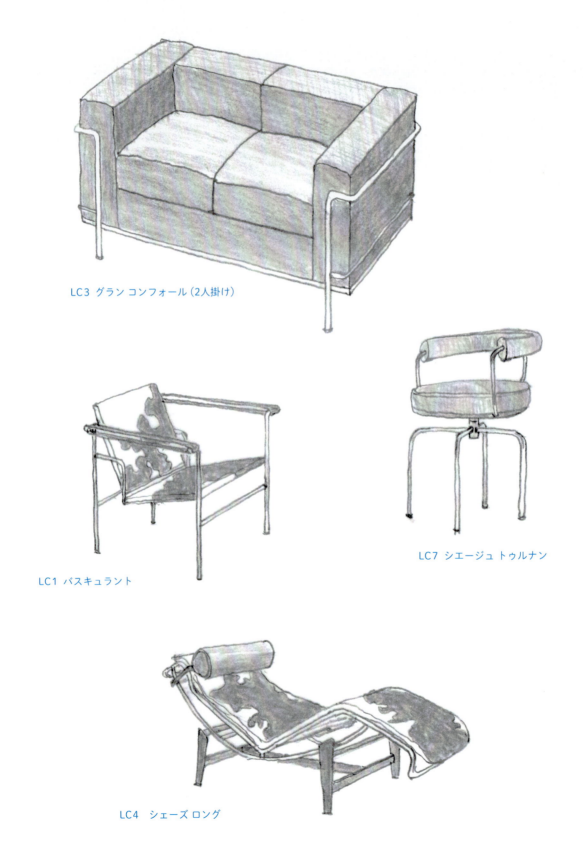

LC3 グラン コンフォール（2人掛け）

LC1 バスキュラント

LC7 シエージュ トゥルナン

LC4 シェーズ ロング

ル・コルビュジエの家具は、ピエール・ジャンヌレ（1896-1967）、シャルロット・ペリアン（1903-1999）との3人による共同設計が多い

Chapter.5
図面表現のキホン

パリ郊外のポワシーに建てられた住宅。高い完成度の「近代建築の五原則」〈ピロティ、屋上庭園、自由な平面、水平連続窓、自由な正面〉をすべて見ることができる（詳しくは2〜3ページ参照）。ドミノシステムに見るように柱とスラブによる構造で、梁は使用されていない。

サヴォア邸　1931

Chapter.5 図面表現のキホン

建築物の一般的なつくり

ここでは、建築物の基本的な構造の種類やそれぞれの特徴を学びます。構造は建築物のうちで最も重要なものですので、基本的な考え方や種類を知っておく必要があります。

主要な構造の種類

架構式構造は柱と梁で床や屋根などを支える構造のことで、日本の伝統的な木造軸組構法もそのひとつです。また、鉄筋コンクリート構造においても架構式（ラーメン構造・トラス構造）は広く普及しています。これに対して、壁で建物の荷重を支えるのが壁構造と組積造です。

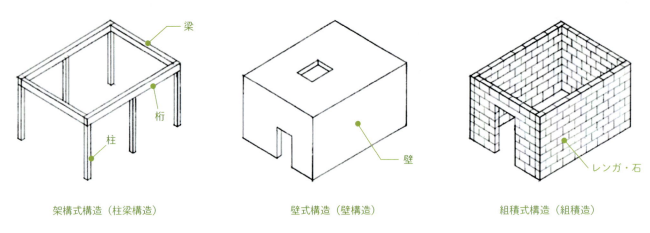

架構式構造（柱梁構造）　　　壁式構造（壁構造）　　　組積式構造（組積造）

図5-1　主な構造の種類

図の参考：住まいとインテリア研究会『図解 住まいとインテリアデザイン』彰国社、2007年

建築物の構造について

建築物は、構造体に用いる材料によって、そのつくりが異なります。表5-1には、建築物を木造と鉄・コンクリート造に分けて、主な構造・構法の種類を整理しています。こうした建築物のつくりの違いによって、図面に表現する内容も大きく変わります。そして、構造体は建築物を成り立たせる最も重要な要素なので、図面中にも太字で強く描かれます。

表5-1　建築物の構造別分類

木造	在来軸組構法	
	ツーバイフォー（枠組壁）構法	
	パネル構法	
鉄・コンクリート造	鉄筋コンクリート（RC造）	ラーメン構造
		壁構造
	鉄骨造（S造）	
	鉄骨鉄筋コンクリート構造（SRC造）	

図面の種類と意味

図面は、設計の内容をクライアント（施主）や施工業者などに伝えるためのものです。設計者は基本的には、図面を通して建築の設計内容を語ることになります。実現したいデザインは、すべて図面上に落とし込んで、現場で工事する関係者に伝える必要があります。図面には設計者の姿勢やセンスが表れるので、建築家は、実際にできあがる建築だけでなく、図面そのものも美しく仕上げます。

図面には基本設計図と実施設計図があります。基本設計図は平面図、断面図、立面図、展開図などで、計画の基本的な内容を検討し、決定するための図面類です。設計のコンセプトに基づいて、部屋の間取りやプログラム、建築のかたち、空間の広さ、通風・採光などを検討する材料ともなります。

基本設計が決定すると、つづいて、詳細なデザインを決定する実施設計へ進みます。実施設計の段階になると、計画内容の大幅な変更は難しくなるので、基本設計の段階でさまざまな要素について、十分に検討されていることが重要となります。

次ページの表5-2に、主な図面の種類をあげました。実際に建築ができあがるまでには、たくさんの種類の図面が必要になることがわかります。

図面の考え方のキホン

初めて建築・インテリアの製図を学ぶとき、平面図、立面図、断面図、天井伏図などの各図面が、建築物のどの部分を、どのように表したものなのか、わかりにくいかもしれません。まずは図5-2のような、各図面の基本的なルールを知りましょう。これらは、どんな建築物にも共通して使えます。建築物の外側・真横から見た姿を表したのが立面図、上から見下ろしたのが屋根伏図や天井伏図です。また、建築物の胴を輪切りにして、下に見下ろしたのが平面図、縦に割って横方向に見た姿を表したものが断面図となります。

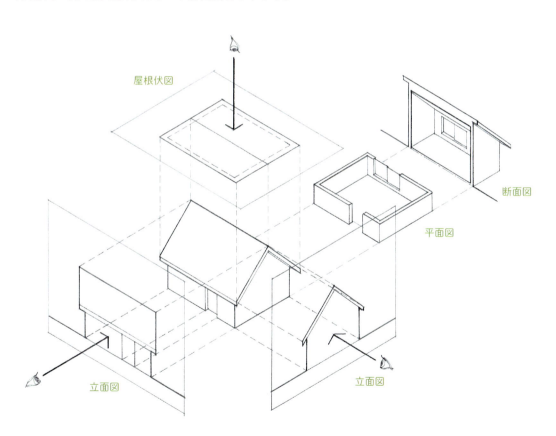

図5-2　建築物と各図面の関係

図の参考：Frank Ching『Architectural Graphics』Van Nostrand Reinhold Co., 1975
この書籍は、製図法などをより詳しく楽しく理解する上で参考となり、オススメです。

表5-2 設計図面の種類

図面の種類	表現する内容	主な縮尺	備考
① 概要書	規模、階数、構造、設備など、基本的な情報をまとめたもの	—	
② 仕様書	建築物の構法、使用する材料の種類、等級、施工方法などを示したもの	—	
③ 面積表	建築面積、延床面積、建ぺい率、容積率など	—	
④ 仕上表	内外装の仕上ごとの材料、色、種類など	—	
⑤ 案内図	敷地環境、都市計画的な情報、地形、方位など。必ず北を上にする	1/500〜1/3000	工事を行う上での搬入経路の検討などにも用いる。
⑥ 配置図	敷地形状、道路の位置や幅員、方位、敷地内（外）の建物の位置、アプローチなど	1/100 1/200 など	
⑦ 平面図	主要な構造（柱・壁）、間取り、全体と各部の寸法、開口部の位置と形状、家具のレイアウト	1/100 1/50 など	配置図と兼ねる場合もある。
⑧ 立面図	建物の外観（東西南北の4面）外壁の主な仕上、地盤（GL）、雨樋、水切りなど	1/100 1/50 など	
⑨ 断面図	建物の断面を表す図面。地盤（GL）、最高高さ、軒高、床高（FL）、天井高（CL）、開口部の高さなど	1/100 1/50 など	主要部を2面以上作成する。
⑩ 矩計図	断面の詳細。主構造（特に土台・梁・桁などの横架材）と、垂直方向の各部寸法の詳細。床・壁・天井・屋根のつくり、階段の詳細など	1/50〜1/20	
⑪ 平面詳細図	壁・建具・サッシ・下地の詳細（形状、範囲、寸法）、床レベル、建具記号、仕上の割付など	1/50〜1/20	
⑫ 部分詳細図	上記の図面では表現できないが、特に説明が必要な部分（納まり、仕上、特殊なデザインなど）の詳細図	1/20〜1/1	
⑬ 展開図	室内の各壁面の構成（構造・開口部・建具・巾木など）と主な寸法、主な仕上材、タイル・ボードなどの割付など	1/100〜1/20	
⑭ 天井伏図・屋根伏図	天井のデザインおよび仕上方法、廻縁・棹縁、照明器具の位置など	1/100 1/50 など	
⑮ 建具表	各部の建具の種類、場所、形状、数量、仕上・材料、金物など	—	建具記号を用いて、平面詳細図などと対応させる。
⑯ 家具図	作り付け家具の詳細図	—	
⑰ 設備図	電気設備、給排水給湯設備、衛生設備、空調設備、ガス設備、配管、その他の機器	1/100 1/50 など	
⑱ 日影図	冬至における建物の日照・日影の状況	1/100 など	
⑲ 外構図	エクステリア各部（門、塀、アプローチ）、造園（ガーデニング）の設計内容	1/100〜1/500	

※この表には、一般的に用いられる順番で示しました。担当事務所によってこれらの順番は異なることがあるので、注意しましょう。
その他、構造図面、設備図面などが、実際の施工にあたって作成されます。

ここでは、どんな建築・インテリアにも必要となる、主な図面の種類とそれぞれの特徴を学びます。

1）平面図

平面図は、すべての図面の基本です。どのような構造でつくるのか、間取りやプログラムはどうなっているのか、また、建築や各部屋の大きさやバランス、開口部からの採光・通風・換気、上下・左右の移動にかかる動線、水まわりや設備などの配置などを検討し、平面図上に表現します。インテリアにレイアウトする家具類も描き、実際の使われ方を検討することも大切です。

大規模建築の図面の場合、平面図は全体の寸法や構成を捉えるために用いられ、そこに細かな寸法は描ききれません。平面図に描けない各部の詳細寸法を、平面詳細図に表現します。

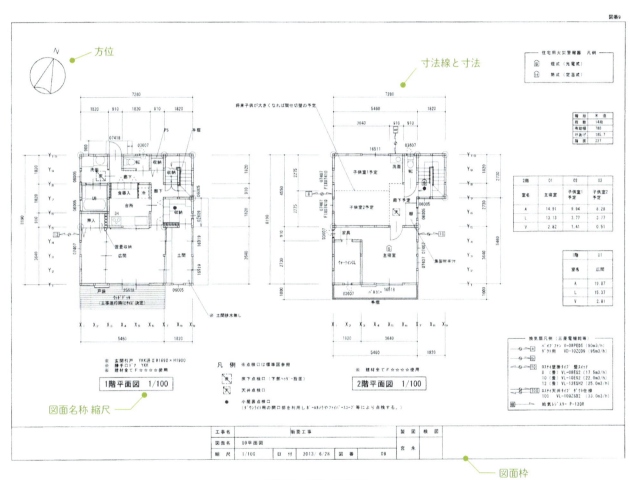

図5-3　Y邸　平面図

図5-3のように、図面は図面枠内に描きます。まず、図面名称として「1階平面図」、「2階平面図」などの種類を記し、方位、縮尺、寸法、日付などのほか、表示記号の凡例や、面積計算に必要な面積表など、必要に応じて図面枠内に記載します。

> **Point**
> 平面図は基本中の基本！　特に大切です。しっかりと描けるように、この本を活用して学んでください。Chapter.6で、平面図、断面図、立面図の描き方や、具体的な表現を練習し、Chapter.7、Chapter.8で学ぶいろいろな建築・インテリアの表現に応用してみてください。

2）配置図

敷地と建物の関係を表すのが配置図です。建物は屋根伏図で描きます。また、敷地周辺の道路や樹木、土地の傾斜など、敷地の状況を表現します。

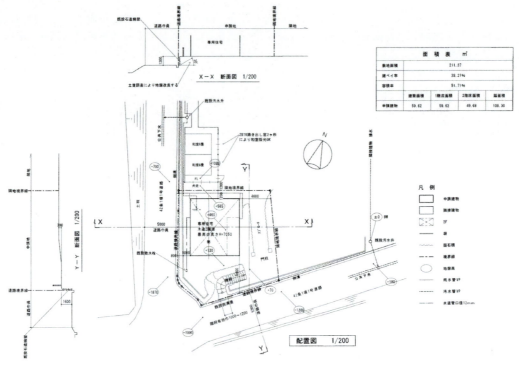

図5-4　Y邸　配置図

3）立面図

立面図には、建築の外観を描きます。外壁面に向かって真横から見た図となります。立面図には、建築の全体像、外観デザイン、窓の位置やかたち、屋根の形状などが表れます。手前は太線で、奥は細線で、奥行きが感じられるように表現します。

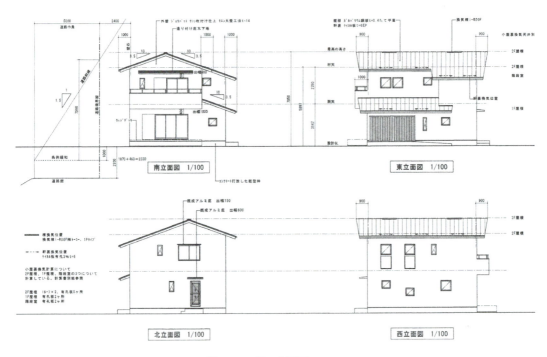

図5-5　Y邸　立面図

4）断面図

断面図は、建築を縦に割ったと仮定して、切リ口の部分と奥に見えてくるものを描いた図です。切断面は太線で、その奥に「見えがかり」として見える部分は中・細線で描きます。断面図には、地盤面（GL）との高さ関係、地下・1階・2階といった各階の床の高さ（FL）、天井裏や床下の寸法、屋根部分のつくり、吹き抜け空間など、建築の縦方向の空間構成が表れます。

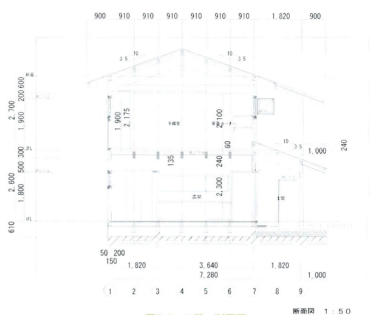

図5-6　Y邸　断面図

5）矩計図

矩計図は、断面をより詳細に表したもので、高さ寸法や床・壁・天井の断面の仕様（構造体と仕上の関係、材料の厚みや組み合わせなど）が示されます。縮尺も、断面図より細かな、1/20や1/30の縮尺で描かれます。開口部・建具の高さ寸法や細かな納まりを読み取れる図面でもあります。

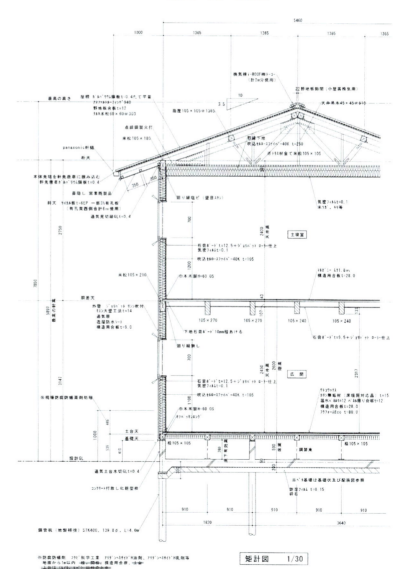

図5-7　Y邸　矩計図

6）展開図

展開図は、室内の壁の立面を表したもので、床・壁・天井の基本的な仕上げと、インテリアの構成要素が表されます。基本的に、その部屋のすべての壁面（4面）について描きます。立面図と同じように、室内の中央から内壁に向かって真横から見た図で、描きたい内壁面に対して平行に空間を切断したと考えます。外側の床、壁、天井の断面線は太線で、その内側に見える開口部などは中・細線で描きます。基本的に、北側（または平面図の上になる側）から描きはじめ、時計まわりでA、B、C、D方向というように平図面上で明示して、その順番にしたがって各面を描きます。

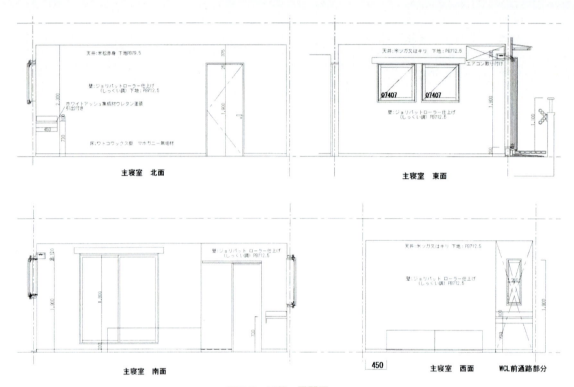

図5-8　Y邸　展開図

7）天井伏図・屋根伏図・小屋伏図

天井伏図は、天井のデザインを平面で表した図面です。注意したいのは、下から見上げた図ではなく、平面図と同じように、天井を上から（天井裏から透かして）見た図として描きます。天井の形状、主な仕上材、見切りの方法、目地の方向、勾配の方向などを示します。

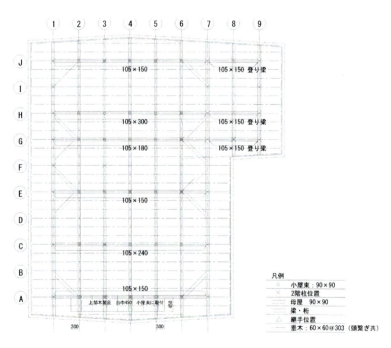

図5-9　Y邸　小屋伏図

8) 平面詳細図

平面図より詳細な情報が示される図面です。開口部の納まりと建具の種別、各所の主な仕上げ方法とその材料、使用する具体的な設備などを描きます。
この平面詳細図には、建具記号も記されています。

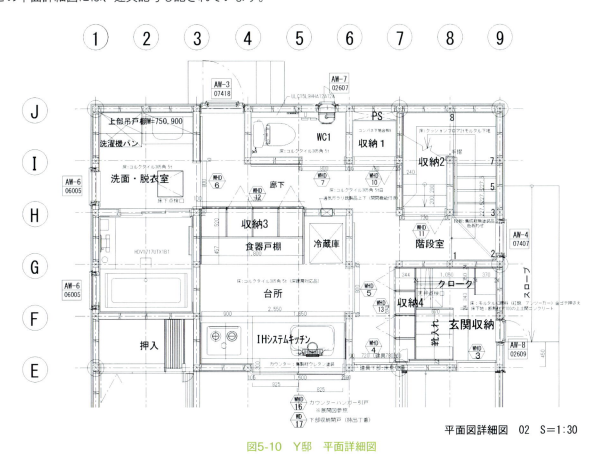

図5-10　Y邸　平面詳細図

9) 部分詳細図

特に詳細に示さなければならない特殊な納まりなどを、部分詳細図によって表現します。これを基に、施工者は具体的な施工方法を検討します。

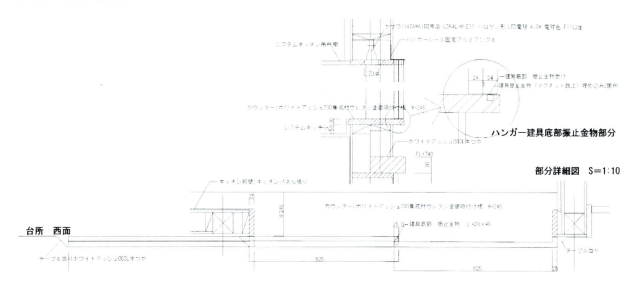

図5-11　Y邸　部分詳細図

図面表現の基礎知識

ここでは、図面を描くための基礎知識として、線の種類、構造や材料の表現の種別、開口部の表現について学びます。

線・記号表現の種類

● 線の太さ
表現したい部分の種類（用途）によって、線の太さを使い分けます。

表5-3　線の太さ

線の太さ	線　種	用　途
極太線	━━━━━━━━━━	断面線、GL など
太　線	──────────	断面線、GL など
中　線	──────────	外形線
細　線	──────────	通り芯、壁芯、寸法線、見えがかり線
極細線	──────────	目地、補助線など

※ 同じ断面線や太線でも、表現する縮尺によって太さを使い分けます。
　たとえば1/100や1/50では太線で、1/5 など詳細図では極太線で描くなどします。

● 線の種類
線の太さと同じように、表現したい部分の種類（用途）によって、線の種類を使い分けます。

表5-4　線の種類

線の太さ	線　種	用　途
実　線	──────────	図面表現の基本的な線 外形線、断面線、目地表現など 下書き、補助線は弱い実線で描く
破　線	----------	隠れ線
一点鎖線	─･─･─･─･─	基準線（通り芯、壁芯など）、中心線
二点鎖線	─･･─･･─･･─	想像線、目地、補助線など

Point

線は、図面を成立させる基本要素です。同じ直線でも、線の種類や濃さによって、意味が異なることがわかります。
手描きの図面だけでなく、CADを使って図面作成する場合も、同様に線を描き分けます。

● 縮尺

縮尺は、表現したい建築物の規模、内容、図面種類に応じて選びます。CADと手描きでは、表現できる精度も異なるので、その都度検討します。

表5-5　縮尺の違い

縮尺	概　要
1：1	ディテールの検討などに用いる。施行図、家具などにも使用される原寸大の縮尺
1：2	ディテールを検討するときに用いる。部分詳細図などに使用される
1：5	
1：10	
1：20	1：50では表現しきれない、詳細な表現があるときに用いる。平面図展開図などに使用される
1：50	標準となる縮尺。平面図、展開図などに利用される
1：100	1：100は細部表現よりも空間のつながりを重視して表現する場合の平面図に用いられる
1：200	大規模な施設の平面図に用いられる

● 方位

方位は基本的に北を示す記号を描きます。図5-12のほかにも、設計者によっていろいろな表現記号が使われています。
配置図、平面図などに示すもので、断面図、立面図には描きません。

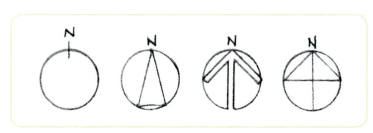

図5-12　方位の表現

● 寸法

寸法は、建築物をつくる上で重要な情報のひとつです。建築・インテリア図面では、基本的にミリ（mm）単位で表示します。どこからどこまでが何ミリなのか、具体的に図面上に示します。数字をわかりやすく書くことも大切です。

図5-13　寸法の表現

● テキスト（図面名、室名、寸法、仕上などの文字）

図面上には、線や記号だけでなく、文字で説明書きを加えます。図5-3の平面図上にも示されているように、図面名、室名、寸法、縮尺、通り芯、仕上げなどはテキストで書きます。誰にでも読めるように、ていねいかつきれいに書けるよう練習が必要です。

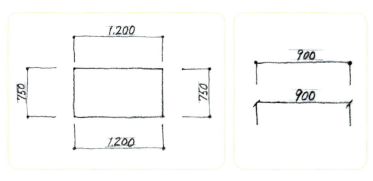

図5-14　テキストの表現

3) 表示記号

平面図、断面図などに用いる表現の一般的な記号です。図面の縮尺によって、表現の密度が変わります。

表5-6 表示記号

縮尺	1/200〜1/100	1/50〜1/20	1/5、1/2、1/1
壁一般			
コンクリート 鉄筋コンクリート			
軽量壁一般			
ブロック壁			
鉄骨			
木造 木造壁	真壁造／通し柱、真壁造／通し柱、大壁造、壁を区別しない場合	化粧材、構造材、補助構造材	化粧材、構造材
地盤			
階段・斜路	階段（切断なし）	（切断あり）	斜路（スロープ） 1/12

（日本規格協会発行　JIS0150:1999　建築製図規則　による）

4）開口部と建具（戸・窓）の表現いろいろ

ここにあげた例は、ごく基本的なものですが、これらの建具のほかにも、さまざまなデザインがあります。身のまわりの開口部を観察してみてください。

表5-7 開口部と建具の表現

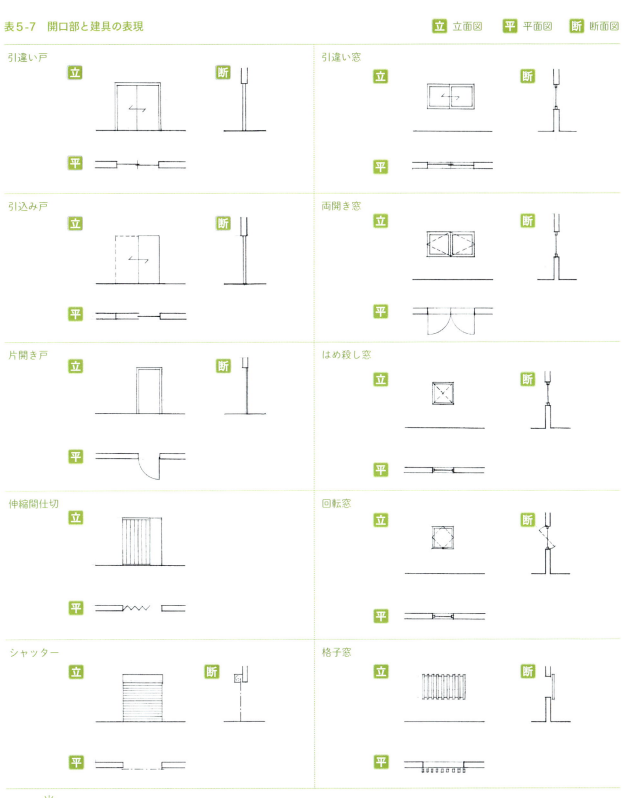

> **Point**
> 基本的に、通り抜けられる開口部に使われる建具を「戸」、出入りできない開口部の建具を「窓」といいます。

スケール感を身につけよう…縮尺によって表現の細かさが違う！

建築・インテリアのデザインでは、スケール感（＝寸法の感覚）を身につけておくことが大切です。空間に対して大きすぎる家具をレイアウトしたり、必要な通路幅などが確保できないと、設計内容を変更しなければならなくなります。あとの章で詳しく学びますが、人間の身体の寸法、炊事する／勉強する／団らんする／寝るなどの行為に必要な空間の寸法、テーブル・イス・ソファ・キッチン・トイレ・階段などの基本的な寸法は、おぼえておく必要があります。

建築・インテリアの学校に入ると、「いつもメジャー（コンベックス）を持ち歩いて、身のまわりのものを測ってみなさい。スケール感が身につきます」と指導されます。この習慣は、ベテランのデザイナーになっても役立ちます。

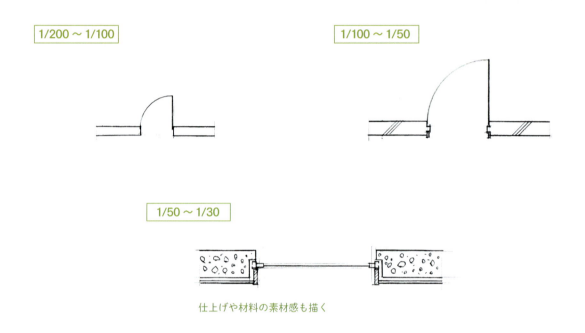

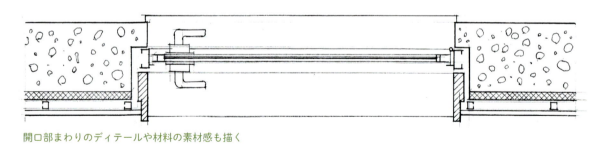

開口部まわりのディテールや材料の素材感も描く

表5-15　縮尺による建具まわりの表現の違い

図面を描くときにも、スケール（縮尺）によって、描く表現の密度が変わります。上の図で見られるように、1/200や1/100のものはシンプルな表現ですが、1/50～1/30では仕上げや材料の素材感を描き、さらに1/20では建具枠の納まりの詳細や建具のつくりまで描きます。

インテリア製図通則

1.適用範囲
この規格は、インテリア空間またはそれを構成する部品・部材・エレメントの企画、調査、計画、設計、製作、施工、維持管理などのインテリア製図に関して、共通、かつ、基本的事項について規定する。

2.引用規格
次に掲げる規格は、この規格に引用されることによって、この規格の一部を構成する。これらの引用規格は、その最新版(追補を含む。)を適用する。

JIS Z 8311	製図－製図用紙のサイズ及び図面の様式
JIS Z 8312	製図－表示の一般原則－線の基本原則
JIS Z 8313-0	製図－文字－第0部:通則
JIS Z 8313-1	製図－文字－第1部:ローマ字, 数字及び記号
JIS Z 8313-2	製図－文字－第2部:ギリシャ文字
JIS Z 8313-5	製図－文字－第5部:CAD用文字, 数字及び記号
JIS Z 8313-10	製図－文字－第10部:平仮名, 片仮名及び漢字
JIS Z 8314	製図－尺度
JIS Z 8317	製図－寸法記入方法－一般原則, 定義, 記入方法及び特殊な指示方法

3.図面
3.1 図面は、JIS Z 8311によるほか、次による。
3.2 用紙のサイズは、JIS Z8311に規定されるA列サイズ(第1優先)表1から選ぶ。

表1 用紙のサイズ

呼び方	寸法
A1	594 × 841
A2	420 × 594
A3	297 × 420
A4	210 × 297

単位 mm

3.3 表題欄の位置は、用紙の長辺を横方向にしたX形、及び長辺を縦方向にしたY形のいずれにおいても、図を描く領域内の右下隅にくるようにするのがよい。

4.尺度
4.1 尺度は、JIS Z 8314によるほか、次による。
4.2 製図に用いる推奨尺度を以下に示す。

　　現尺 1:1　縮尺 1:2　1:5　1:10　1:20　1:50　1:100　1:200

5.線
5.1 線の種類及び用途を表2に示し、適用例を付図1～5に示す。
5.2 通常用いる線の太さは、細線、中線、太線とする。
　　線の太さの比は、1:2:4である。
　　線の太さは、図面の種類、大きさおよび尺度に応じて、
　　次の寸法のいずれかにする。
　　　0.13, 0.18, 0.25, 0.35, 0.5, 0.7 mm
5.3 線は、上記の他、JIS Z 8312による。

6.文字
6.1 文字は、JIS Z 8313-0,1,2,5,10によるほか、次による。
6.2 文字の大きさは、次による。
a)文字の大きさは、一般に文字の外側輪郭が収まる基準枠の高さhの呼びによって表す。
b)高さhの標準値は、次による。
　　1.8, 2.5, 3.5, 5, 7, 10, 14, 20 mm
なお、活字で既に大きさが決まっているものを用いる場合には、これに近い大きさで選ぶことが望ましい。

7.寸法記入方法
7.1 寸法記入方法は、JIS Z 8317によるほか、次による。
7.2 長さの寸法数値は、通常はミリメートルの単位で記入し、単位記号は付けない。

8.作図一般
8.1 図中に使用する文字記号は、付表1による。
　　付表1　文字記号
8.2 図中に使用する表示記号は、付表2による。
　　付表2　表示記号
8.3 作図例を付図に示す。

表2 線の種類及び用途

線の種類		用途による名称	線の用途
実線	太線	外形線	対象物の見える部分の形状を表す
			断面図に現れる物体の見える外形線を表す
	中線	外形線	家具等の外形線を表す
	細線	稜線	家具等の稜線を表す
		寸法線	寸法を記入するのに用いる
		寸法補助線	寸法を記入するために図形から引き出すのに用いる
		引出線	記述・記号などを示すために引き出すのに用いる
		ハッチング	断面図の切り口を示す
		矢印線	階段、斜路及び傾斜領域を表す矢印線
		対角線	開口、穴及びくぼみを表すために用いる
破線	細線	隠れ線	隠れた部分の外形線
一点鎖線	中線	外形線	カーテン、ブラインド、カーペット等
	細線	切断線	断面図を描く場合、その切断位置を対応する図に示す
		中心線	図形の中心を表す
		基準線	位置決定のよりどころである事を明示する
		扉の開く向きを示す線	扉の開く向きなどを参考に示す
二点鎖線	細線	想像線	加工前の形状や可動部分の位置を示す
ジグザグ線	細線	破断線	対象物の一部を破った境界、又は一部を取り去った境界を示す

引用：日本インテリア学会「インテリア製図通則」2014年
※詳しくは、日本インテリア学会公式HPに解説などが掲載されていますので、参照してください。

【線の適用例】
1.壁

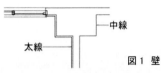
　　　図1　壁

壁の仕上線を太く描きインテリア空間を強調表現する。インテリア製図通則適応例は縮尺 1/50 を基準とする。壁表現は縮尺に対応させ、必要に応じて躯体壁と間仕切壁の表現を変えることもある。開口部には、額縁、サッシ枠縮、建具枠があるが、縮尺により表現が変わる。

2.開口部

平面表現	断面表現	展開表現
開戸		
引違窓		
折戸		

図2　開口部

平面・展開で開閉方向を、展開・断面で建具の高さを表示する。
扉の取手、引手で開閉方向がわかる場合は、開き勝手の表示（一点鎖線）は省略できる。

3.家具

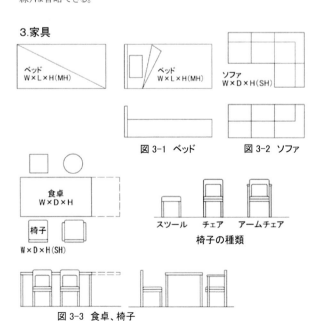

図3-1　ベッド　　図3-2　ソファ
図3-3　食卓、椅子

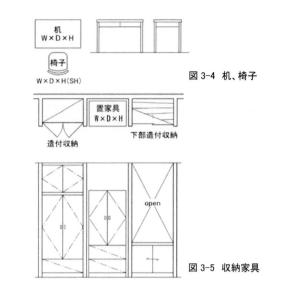

図3-4　机、椅子
図3-5　収納家具

家具図は寸法 W(幅)×D(奥行)×H(高さ)、椅子は SH(座面高)、ベッドは L(長さ)、マットレス高さを記入する。
椅子はテーブルから引出した状態で描く。伸長式家具は、最大形状・寸法を破線で表示する。造付収納家具は取手、開閉方向を表示する。

4.設備機器

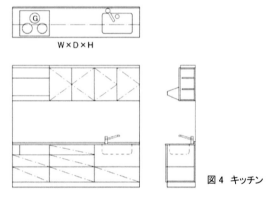

図4　キッチン

厨房機器は、開閉方向、寸法 W(幅)×D(奥行)×H(全体高さ・カウンター高さ)、シンク・加熱機器の位置、水洗金具、吊戸棚等を描く。平面図にはカウンターより上に位置する吊戸棚は一点鎖線で表示する。正面図には開閉方法や方向を一点鎖線で示す。側面図は外観または断面を描く。

5.家電機器

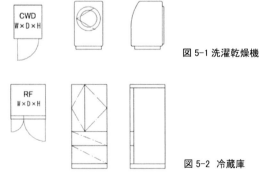

図5-1　洗濯乾燥機
図5-2　冷蔵庫

家電機器の形状を描き、寸法 W(幅)×D(奥行)×H(高さ)、その種類を英語記号または文字を書き込み、開閉方向を表示する。

【付表1 文字記号】

1.カーペット

付表 1-1 カーペット

名 称			略 号
カーペット 一般			CA
種別	ウィルトン		Wc
	タフテッド		Tc
	ニードルパンチ		Nc
施工法	敷込	グリッパー工法	-g
		接着工法	-a
	置敷		なし

カーペットは、略号を CA とし、一点鎖線・細線（または姿図）にて領域を表示し、種別、施工法を図 5 に示す文字記号により付記する。また、材質を示す場合は、一般名称で併記する。

カーペットの表示例

CA(Wc-g)

名称： 種別 ・ 施工法
カーペット:ウィルトン-グリッパー工法-敷詰

2. 窓装飾（ウィンドートリートメント）

付表 1-2 窓装飾（ウィンドートリートメント）

名 称			文字記号
水平開閉	カーテン 一般		CU
	種別	ドレープ	Dr
		シアー	Sh
	施工法（スタイル）	ストレート	なし
		センタークロス	cc
		クロスオーバー	cr
		ハイギャザー	hg
		スカラップ	sk
		セパレート	sp
	バーチカルブラインド		VB
	パネルスクリーン		PS
垂直開閉	ローマンシェード		RM
	施工法（スタイル）	プレーン	pl
		シャープ	sh
		バルーン	bl
		オーストリアン	as
		ムース	ms
		ピーコック	pc
		プレーリー	pr
	ロールスクリーン		RS
	プリーツスクリーン		PL
	ベネシャンブラインド		VN
固定	カフェ（カーテン）		Cf

注：カーテンボックス設置の場合は末尾に・B で表示する。

ウィンドートリートメントは、一点鎖線（または細実線の波線）にて表示し、種別は文字記号により示す。カーテン、ローマンシェードは、その施工法（スタイル）を文字記号により付記する。

カーテンの表示例

___CU___   カーテン 一般

___CU(Dr+Sh-cc)・B___   ダブルカーテン

名称 施工法（スタイル-ボックス有無）
内側 ドレープ-ストレート-ボックス有
外側 シェアーセンークロス

___CU(Dr-cr)+RM-pc・B___

名称 施工法（スタイル-ボックス有無）
内側 カーテン-ドレープ-クロスオーバー-ボックス有
外側 ローマンシェード-ピーコック

3. 塗装

付表 1-3 塗装

名 称	文字記号	規 格
合成樹脂調合ペイント	SOP	JISK5516
フタル酸樹脂エナメル	FE	JISK5572
塩化ビニル樹脂エナメル	VE	JISK5582
クリアラッカー	LC	JISK5531
エナメルラッカー	LE	JISK5531
合成樹脂エマルションペイント	EP	JISK5663
つや有合成樹脂エマルションペイント	EP-G	JISK5660
多彩模様塗料	EP-M	JISK5667
オイルステイン	OS	
木材保護塗料	WP	

塗装は文字記号により略号で表示し、色彩を示す場合は、マンセル表色系記号または色票等により指示する。

4. 家電機器

付表 1-4 家電機器

名 称		文字記号
エアコン一般		RC または AC
設置方法	屋内機・床置	-F
	・壁付	-W
	・天井直付	-C
	・屋外機床置	-OF
テレビ		TV
スピーカー		SP
デスクトップパソコン		PC
冷凍冷蔵庫		RF
電子レンジ		MO
ガスオーブン		GO
食器洗い乾燥機		DWD
IHヒーター		IH
電気洗濯機		CW
電気洗濯乾燥機		CWD

【付表2 表示記号】

1. 給水・給湯設備等

付表2-1 給水・給湯設備等

名称	文字記号	表示記号
給水メーター	WM	ⓌⓂ
ガスメーター	GM	ⒼⓂ
給水栓		✕
湯水混合水栓		◐ ◐（シャワー付）
電気温水器	EWH	(EWH)
ガス給湯器	GWH	[GWH]

2. 電気設備

付表2-2 電気設備（JISC0303）

名称	文字記号	表示記号
積算電力計	Wh	(Wh) [Wh]
分電盤		◣
スイッチ		● ●3 ●P 　　3路スイッチ　プルスイッチ
コンセント（壁付）		●₂ ●E ●WP 2口　アース付　防水形
電話用アウトレット		● 壁付 (t)　　(t) インターフォン（親）　インターフォン（子）
チャイム		■● ■♩ 押ボタン（壁付）　チャイム（壁付）
テレビ	TV	[TV]　(TV) TV本体　TVアンテナアウトレット
換気扇		∞
エアコン	RCまたはAC	[RC-W] [RC-OF] 屋内機（壁付）　屋外機（床置）

3. 照明・配線

付表2-3 照明・配線記号（JISC0303）

名称	略号	表示記号
照明一般		○
天井埋込灯（ダウンライト）	DL	(DL)
天井直付灯（シーリングライト）	CL	(CL)
天井吊下灯（ペンダントライト）	PL	(PL)
シャンデリア	CH	(CH)
壁付灯（ブラケットライト）	BL	(BL) ◐
スタンド テーブルスタンド	TS	(TS)
スタンド フロアスタンド	FS	(FS)
引掛シーリング		(　)

Chapter.6
ル・コルビュジエの最小限住宅を描く

クック邸　1926
パリのブローニュに建てられた「近代建築の五原則」〈ピロティ、屋上庭園、自由な平面、水平連続窓、自由な正面〉がはじめてそろった住宅。

column

最小限住宅

　1926年、ル・コルビュジエは、最小限住宅と題して、一つの住宅を発表しています。敷地は未確定でしたが、生活の可能な最小限の大きさの住まいを提案したのです。その姿は、きわめて単純な凹凸のない箱型の住宅で、1階がワイン貯蔵庫を含むピロティで、2階にキッチンとリビングそして小寝室、3階には主寝室と小寝室およびシャワー室とトイレが配されています。2階への外部階段がある建物正面側の2・3階部分の開口部は、水平連続窓で、屋上に庭園はありませんが、基本的にはル・コルビュジエの提案していた「近代建築の五原則」に基づいて考えられた住宅といえます。

　1階をピロティとし、建物正面側に外部階段を配置するきわめて単純な箱型の住宅形式を、ル・コルビュジエは1924年にはじめてフランスのボルドーに実現しています。そして、この外部階段を特徴とする箱型の住宅形式は、労働者向けの量産型住宅として採用されたもので、この1926年に提案された最小限住宅の原型を示すものといわれています（東京大学工学部建築学科安藤忠雄研究室編『ル・コルビュジエの全住宅 Le Corbusier HOUSES』TOTO出版、2001年）。

　このようにル・コルビュジエの「近代建築の五原則」は、単に新しいデザインの可能性を示しているだけではなく、一般大衆向けの住宅開発のための手法でもあったのです。先に紹介したドミノ・システムが第一次世界大戦後の失われた住宅の復旧をめざしたものであったように、工業化・大量生産化がその構法の背景にあったのです。その意味ではこの最小限住宅というテーマは、まさしくル・コルビュジエの追求していた重要なテーマであったことがわかります。この最小限住宅は、言い換えれば、一般大衆が日常生活を行うための基本的条件を満たした住宅であったということになります。住宅づくりは、デザインに目が行きがちですが、内部で行われる生活の場をつくることであり、その生活の提案でもあります。いくつかの住まい方の提案として、今回の3階型のほかに2階型などのプランが同時に発表されました。このル・コルビュジエの提案した最小限住宅をモデルに描き方を学ぶとともに、内部で行われるべき新しい生活についても考える機会にしてください。

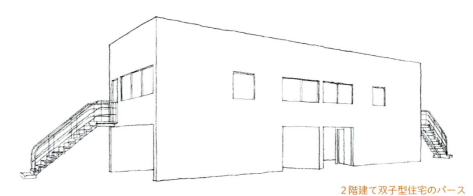

2階建て双子型住宅のパース

最小限住宅の製図に際して

ル・コルビュジエが描いた最小限住宅の図面をベースにしていますが、不明な部分に関してはレージュの住宅など時代の近いほかの作品を参照し、1/100の縮尺の表現としています。また、オリジナルの平面寸法は内法寸法でおさえられていますが、今回は、一般的な建築製図の描き方を学ぶために、壁の中心に基準線がくる芯々寸法を採用しています。室名はオリジナル図面に描かれたフランス語を、日本語に訳したものを記載しました。

Chapter.6 ル・コルビュジエの最小限住宅を描く

1. 平面図・配置図を描く

平面図は建物を水平に切断し、床にあたる部分を真上から見下ろした断面の図を正投影で表現したもので、各階ごとの床面を描きます。切断位置は通常、床から1.5mくらいの高さ（目線に近く、壁と窓やドアの位置関係を示すことができる高さ）を選びます。平面図で表現されるものは、建物の各階の間取り（プラン）であり、柱・壁・開口部・階段・造り付け家具などを描きます。

配置図は、建物とその敷地および周辺敷地を描いた図で、敷地内の庭や周辺の建物や状況を表現します。建物の部分は屋根伏図（建物の屋根の形状を真上から正投影で見た図）を描くのが一般的ですが、縮尺（1/50、1/100程度）によっては1階平面図と兼用して描くと、間取りと庭および周辺環境との関係をわかりやすく表現することができます。

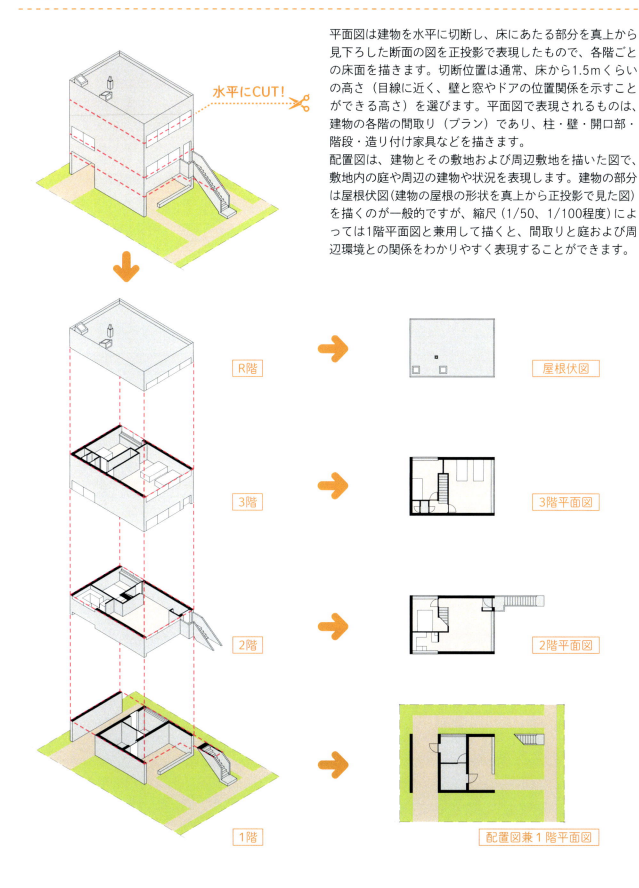

Step.1 平面図の描き方―基準線を描く

平面図・配置図を描く際は、はじめに敷地の形状を示す敷地境界線や、建物の柱や壁の位置を示す通り芯線・壁芯線を描きます。これらの線は、これから描く図面の大きさを決める線となるので、用紙のレイアウトを考えながら描きはじめます。

基準線は、最終的に一点鎖線の細線で仕上げますが、まずは下書き用の補助線で描いてください。補助線は、作図終了後も消さなくてよい線なので極薄い細線とします。

Point

- ◆レイアウトを考える
- ◆まずは、補助線で描く
  - ➡ 一点鎖線で描くのは最後の寸法線を記載するときでもよい
- ◆同じ通り芯の基準線は、タテ・ヨコをできる限りそろえる

表題欄には以下のような内容を記載する
- ●建物名称
- ●設計者名
- ●図面名称
- ●縮尺
- ●図面作成年月日
- ●作図者名　　etc

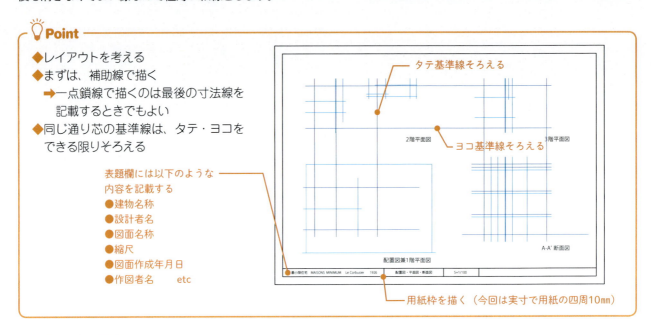

配置図兼1階平面図

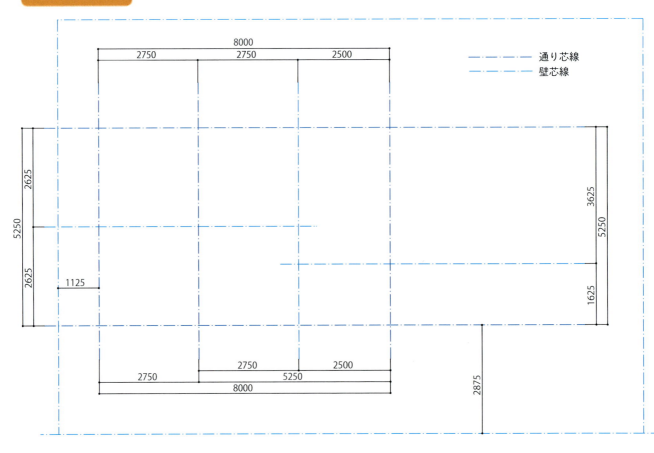

Chapter.6 ル・コルビュジエの最小限住宅を描く

2階平面図

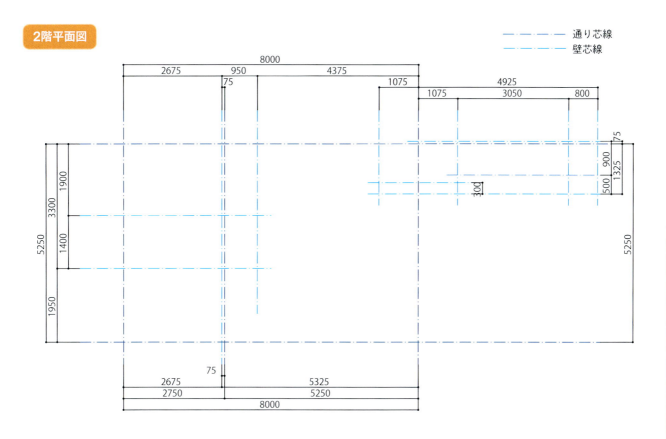

3階平面図

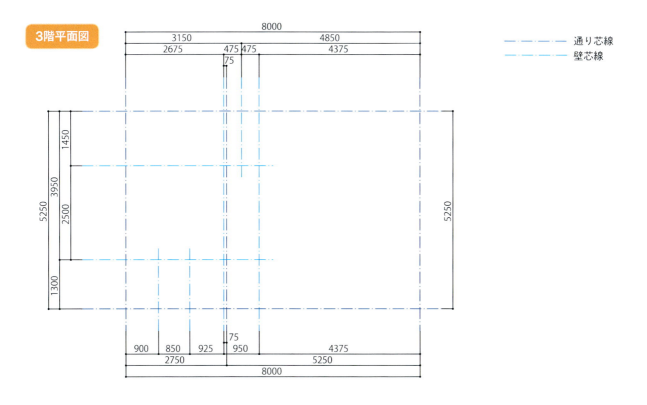

Step.2　平面図の描き方―壁の切断面を下書きする

次に、壁の切断面を描きますが、美しい図面を描くためにまずは下書きとして補助線を描いていきます。Step.1で描いた基準線は、壁（一般的には構造体）の中心を通っているので、線の両側に壁の厚さを半分ずつ振り分けた寸法をとります。縮尺が1/100なので細かい作業となりますが、三角スケールを使ってできる限り正確に描いてください。また、壁以外の柱や造作物などで切断面に位置するものもここで描きます。

Point

- ◆線は補助線で描く
- ◆三角スケールを使って正確に描きつつ、見た目がそろって見えるように描く
- ◆基準線を中心に壁の厚みを半分ずつ振り分けて描く
  → 今回は外壁は250mm 内壁は100mm
- ◆壁の厚みとコーナー位置を出すための作業なので、補助線は少しはみ出させて描く

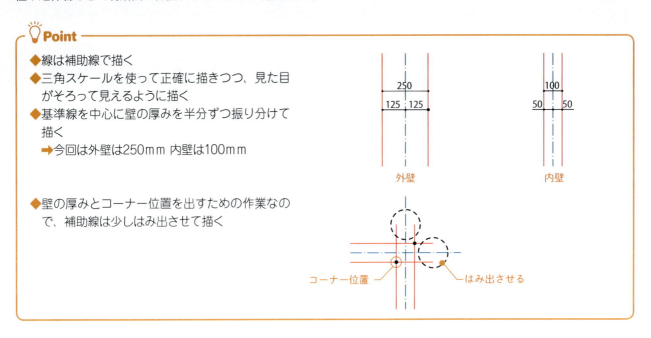

配置図兼1階平面図

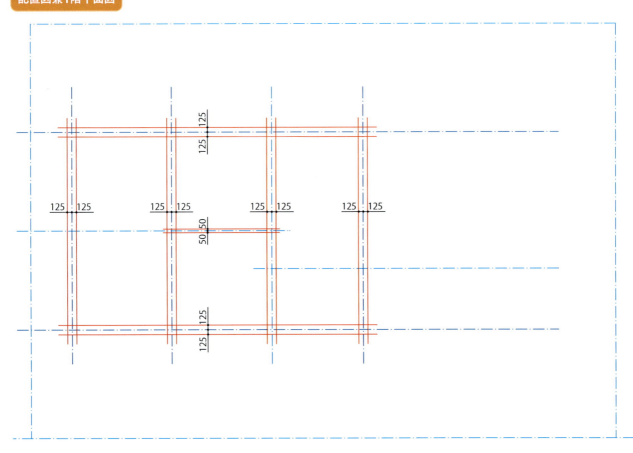

2階平面図

階段の切断位置の補助線を描いておく角度は45度

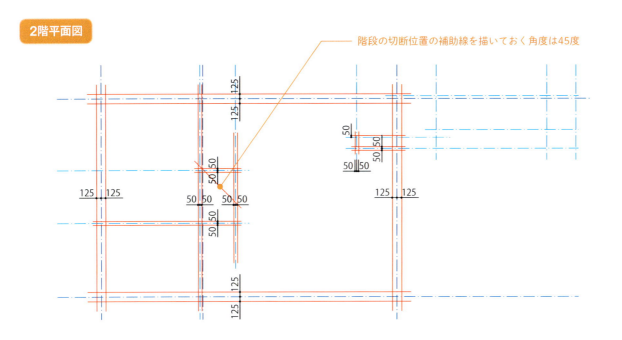

3階平面図

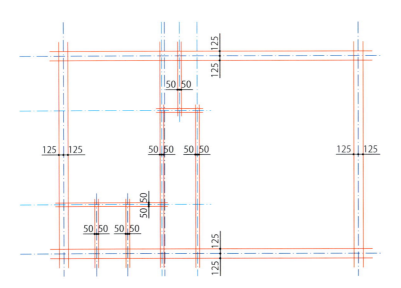

Step.3　平面図の描き方―開口部の位置を下書きする

壁の下書きができたら、開口部の位置を補助線でおさえていきます。寸法のとり方としては、基準線からあたっていくのが基本です。開口部には、窓やドアなどの建具を取り付けるのが一般的ですが、この住宅の台所の出入口のように建具の取り付かない開口部もあります。図中の100mmという数値は、建具の奥行き寸法となります。
建物の外壁に取り付ける建具は外部建具、内壁に取り付ける建具は内部建具といいます。

Point
- ◆線は補助線で描く
- ◆開口部の位置は、基準線からあたる
- ◆コーナー位置を出すための作業なので、補助線は少しはみ出させて描くこと

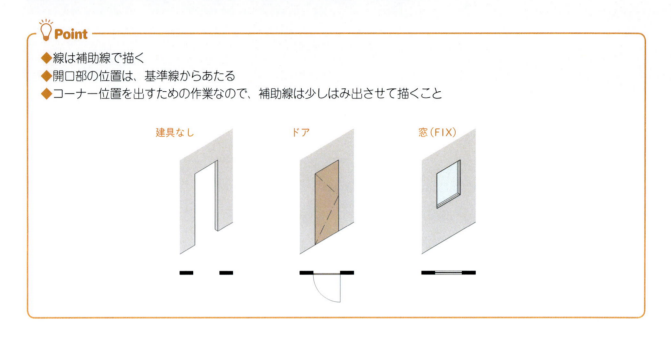

配置図兼1階平面図

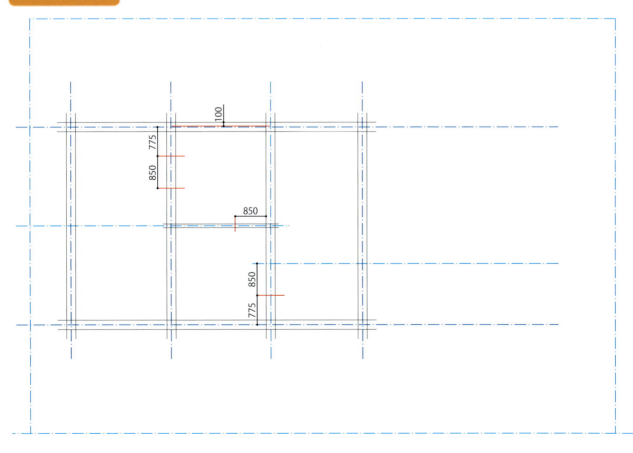

Chapter.6 ル・コルビュジエの最小限住宅を描く

2階平面図

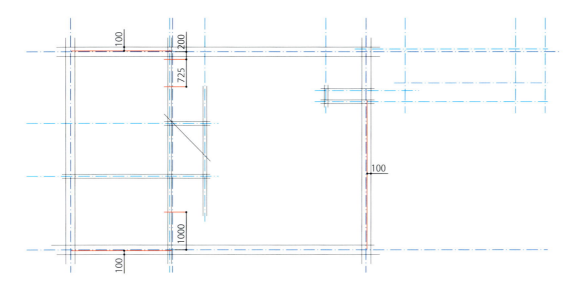

3階平面図

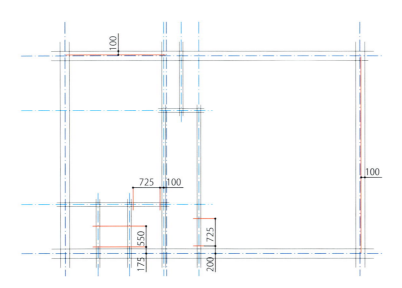

Step.4 平面図の描き方―壁の断面線を描く

Step.2・3で下書きした補助線に従って、断面線を描いていきます。切断位置を示す線なので、濃く太い実線でしっかりと描きます。平面図において、この切断面は重要な線となります。ここを、太くしっかりした線で描くことにより、図面上に立体感が生まれ、読み取りやすい図面となります。
コーナー部分は、線がはみ出たり短すぎたりしないように注意して描きましょう。

Point
- ◆線は濃い太線・実線でしっかり描く
- ◆コーナーをきちんと描く
- ◆線の太さによる表現の違いを理解する

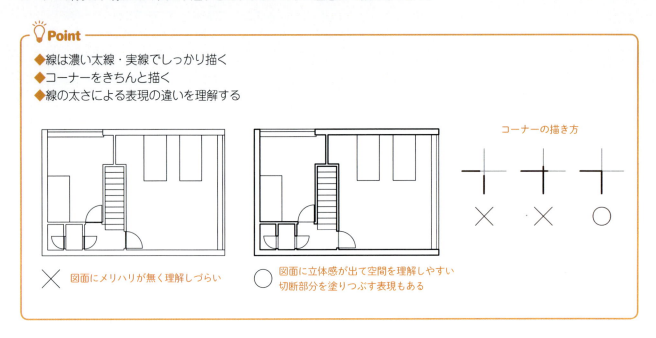

配置図兼1階平面図

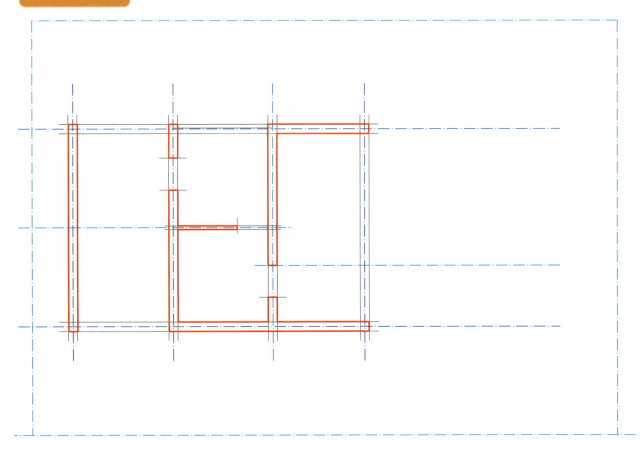

2階平面図

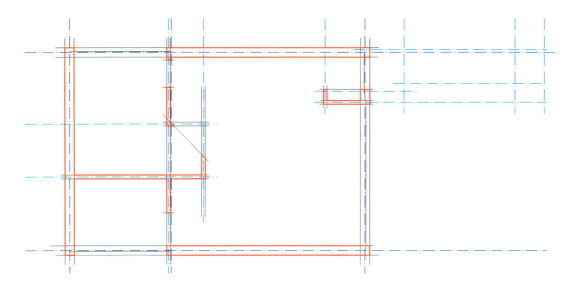

3階平面図

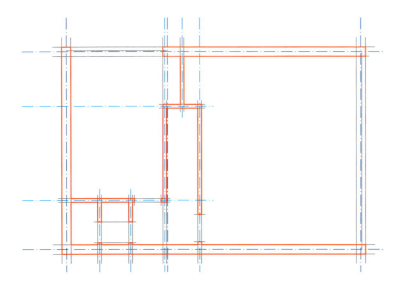

Step.5 平面図の描き方―開口部の断面線を描く

Step.3で下書きした開口部の位置に、それぞれ建具を太い実線で描いていきます。
建具表示は記号的に表現します。戸や窓などの建具の種類、建具の開き方によって描き方が異なりますので、43ページを確認しながら最小限住宅の建具デザインを想像して描いてみましょう。建具は空間をデザインする上で重要な要素となりますので、図面を読んだり自身が設計する際に描けるようにします。教科書に出てくる建具表示記号はすべておぼえましょう。

> **Point**
> ◆線は太線・実線でしっかり描く
> ◆建具の表示記号とデザインをおぼえる

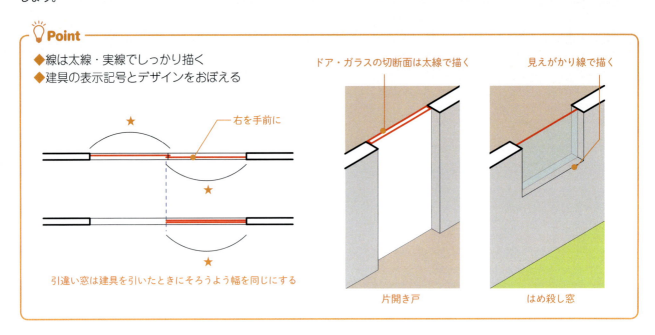

配置図兼1階平面図

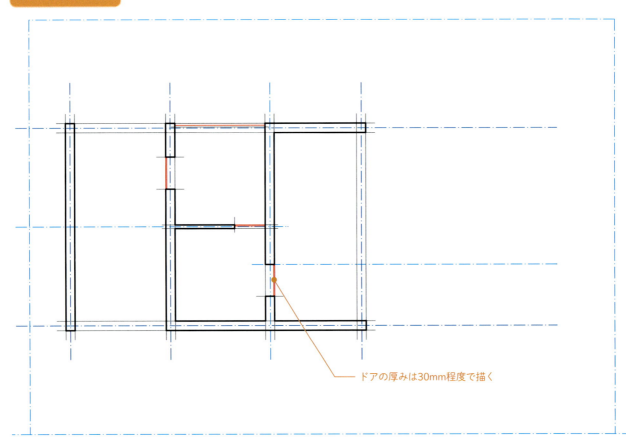

2階平面図

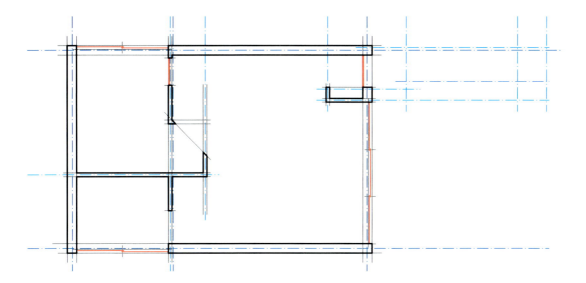

3階平面図

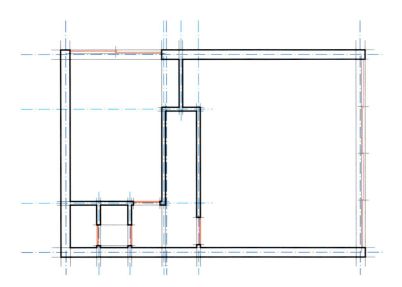

Chapter.6 ル・コルビュジエの最小限住宅を描く

Step.6 平面図の描き方—見えがかり線を描く

切断面より下にあるものは、見えがかり線として描きます。家具・設備機器、建具の下枠・扉の軌跡、階段などは中線または細線の実線で、床材の目地は薄い細線の実線で表現します。

階段は、空間の上下階をつなぐ建築の重要なエレメントです。平面図は床上1.5mの切断面から見下ろした図となるため、その階の上り階段は途中までしか描けません。1.5m以上の部分に関しては、切断記号を用い破線で表現します。

同様に、切断面より上部にあるものについても細線の破線で表現することができます。

Point
- ◆線の濃淡・太さ・線種の違いを意識して描く
- ◆断面線と同じように補助線をつけてから描く
- ◆階段の表現を理解する

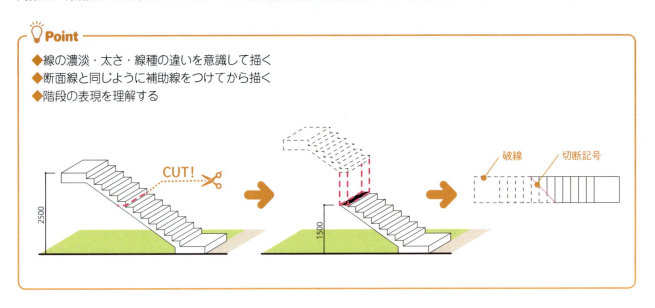

配置図兼1階平面図

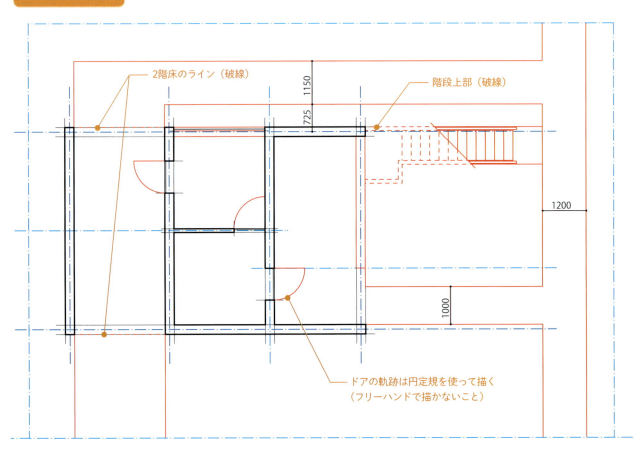

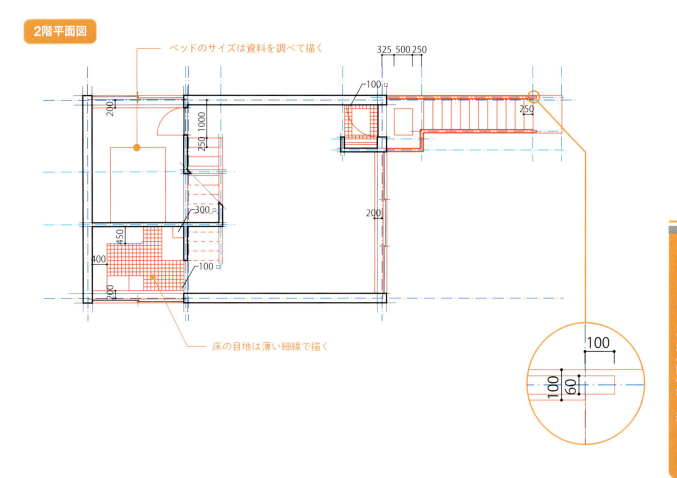

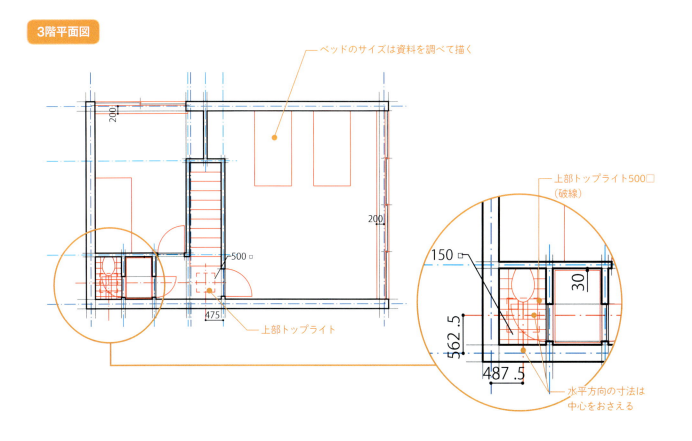

Step.7 平面図の描き方—文字・寸法・記号を描く

ここで描かれるものは、図面の中で重要な情報を伝達する役割を担っています。線は、濃い細線できちんと描きましょう。文字は読みやすいように、上下に補助線を引き高さをそろえます。寸法はどこをおさえているのかがわかるように、寸法間に玉どめなどを表記する必要があります。さらに、部屋名、図面名称や縮尺、方位や階段の切断記号、断面切断位置、通り芯番号なども必ず記入します。

Point

- ◆線は濃い細線で描く
- ◆文字は読みやすい適度な大きさ（大きすぎないこと）に描き上下左右なるべくそろえて配置する
- ◆記号は目につきやすくわかりやすいものとする

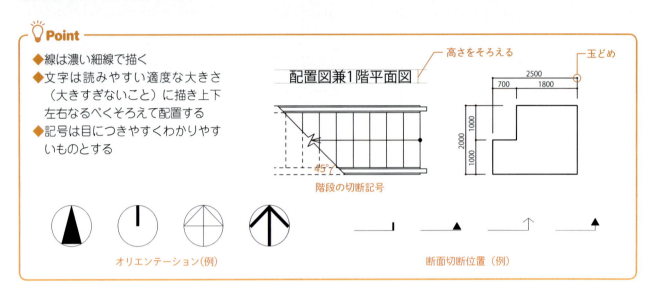

配置図兼1階平面図

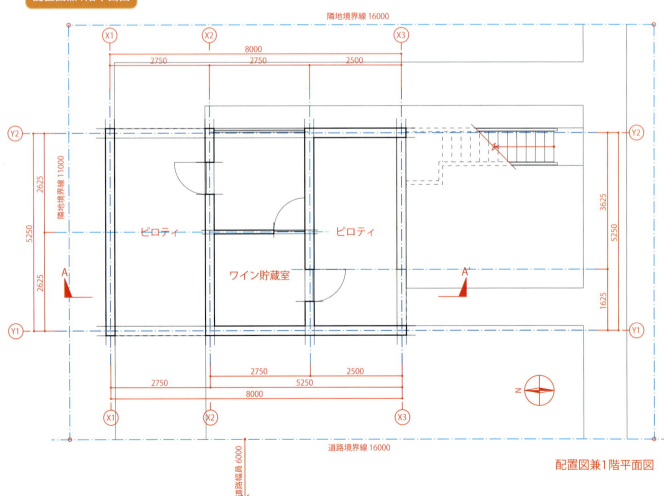

配置図兼1階平面図

Chapter.6 ル・コルビュジエの最小限住宅を描く

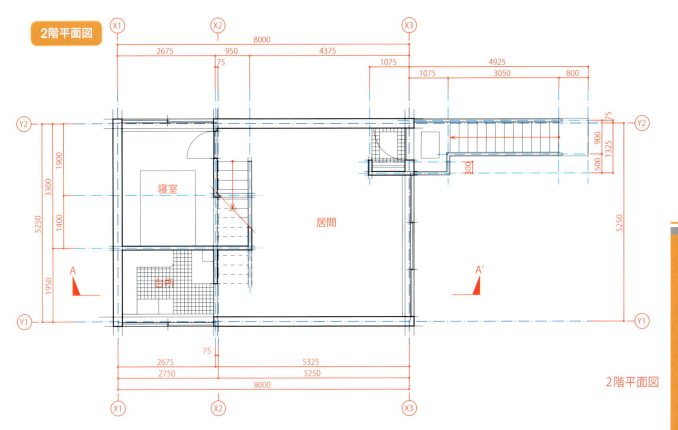

2階平面図

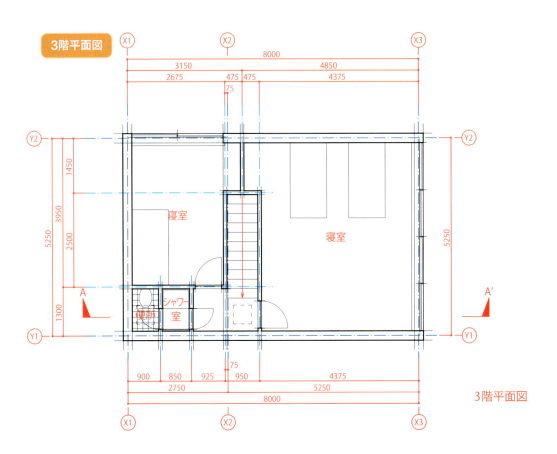

3階平面図

Chapter.6　ル・コルビュジエの最小限住宅を描く

2. 断面図を描く

断面図は建物を垂直に切断し、切断面より奥の壁面を正投影で描いたもので、建物の高さ関係を表現します。切断位置は通常、上下空間の関係がわかりやすい位置を選びます。描かれるものは、平面図と同じく開口部・階段・造り付け家具などですが、建物各部の高さ情報を示すことが最大の役割となります。

同一図面上では、切断面から見る向きは共通でなければなりませんが、切断位置は1枚の図面でなるべく多くの開口部などの要素を表現するため、下図のようにずらすことができます。また、切断位置は平面図上に必ず記載します。断面図は一般図の中では最も理解が難しい図面だと思いますが、空間を表現する上では不可欠なものです。ル・コルビュジエの設計したこの住宅を、図面を描きながらイメージしてみましょう。描き方の手順は平面図と同じです。

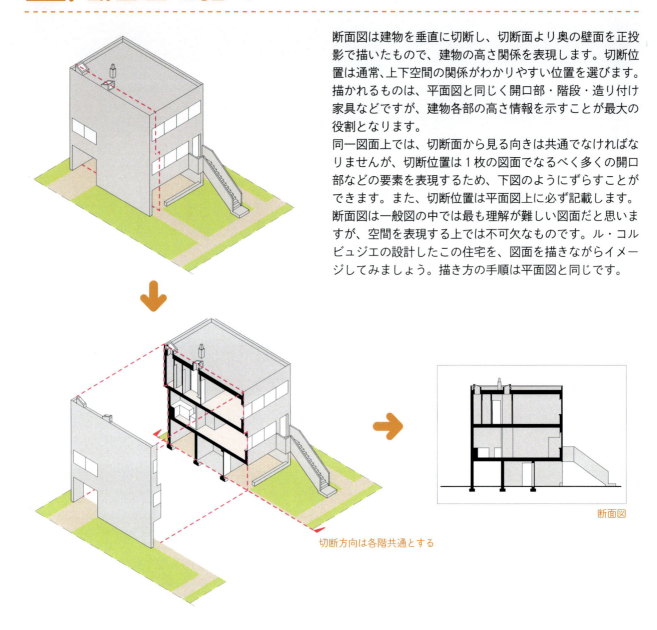

切断方向は各階共通とする

断面図

切断位置の違いによる表現の違い

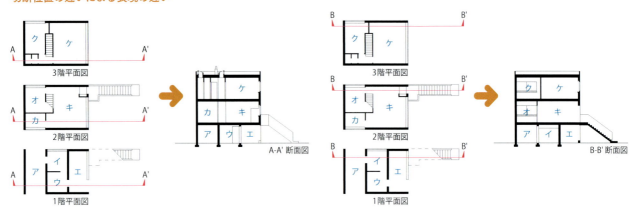

Step.1 断面図の描き方―基準線を描く

はじめに、平面図と同じく建物の柱や壁の位置を示す基準線を描きます。平面図の基準線は壁（構造体）の中心をおさえていたのに対し、高さ方向の基準線は床や天井などの上端または下端をおさえます。

基準線は、最終的に一点鎖線の細線で仕上げますが、まずは下書き用の補助線で描いてください。補助線は、作図終了後も消さなくてよい線なので極薄い細線とします。

> **Point**
> ◆ おさえる寸法は、中心ではなく上端や下端
> ◆ まずは、補助線で描く
>   → 一点鎖線で描くのは最後の寸法線を記載する際でもよい
> ◆ 基準線は、タテ・ヨコをできる限りそろえる

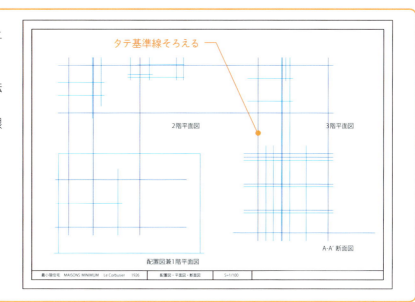

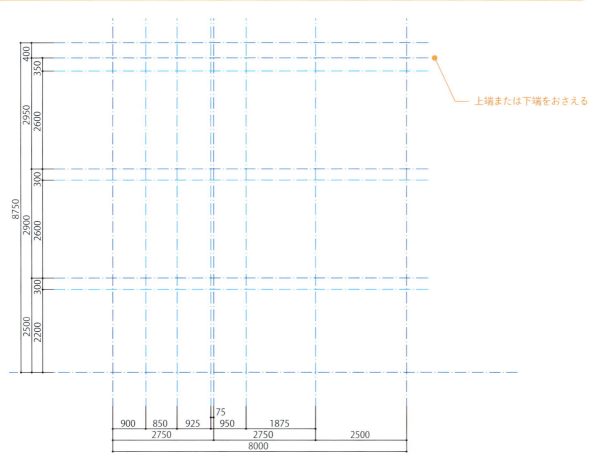

上端または下端をおさえる

Step.2　断面図の描き方―壁・床の切断面と開口部位置を下書きする

次に、壁や床の切断面を描いていきますが、まずは下書きとして補助線を描きます。平面図で学んだ通り、壁は基準線が、中心を通っているため壁厚を振り分けて補助線を描きましょう。床の基準線は、今回はStep.1の段階ですでに下書きされています。壁や床の下書きができたら、開口部や窓台の高さ位置をおさえていきます。ここでは、高さ方向の寸法は記載していますが、水平方向の寸法（建具幅や窓台の奥行など）は平面図の数値を見ながら描きましょう。

Point
- ◆線は補助線で描く
- ◆水平方向の寸法は平面図を参照する
- ◆トップライトは4寸勾配

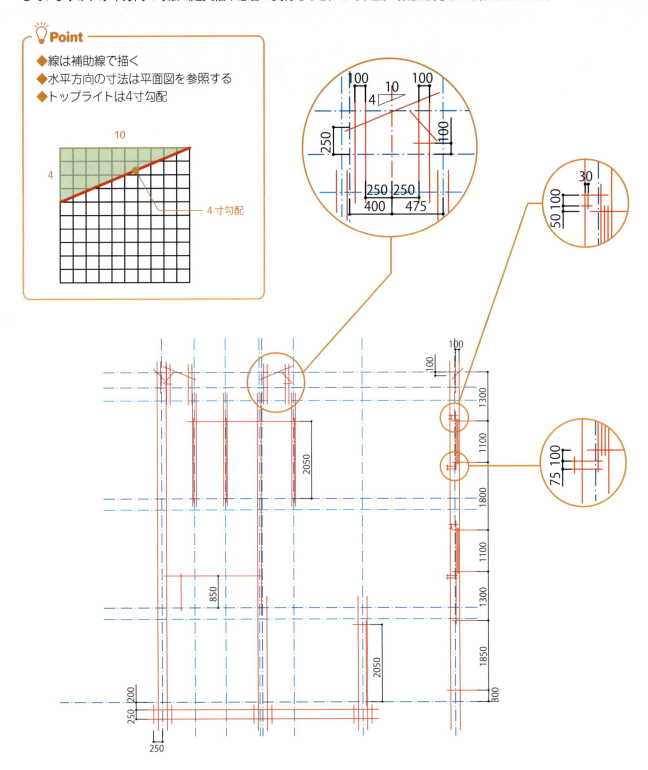

Step.3 断面図の描き方—断面線（壁・床・開口部）を描く

Step.2で下書きした線にしたがって、壁・床・開口部の断面線を描いていきます。切断位置を示す線なので、濃く太い実線でしっかりと描きます。平面図と同様に断面図においてもこの切断面は重要な線となります。ここを、太くしっかりした線で描くことにより、図面上に立体感が生まれ、読み取りやすい図面（58ページ参照）となります。コーナーの部分は補助線により位置が出ているので、はみ出したり短すぎたりしないように気をつけてください。

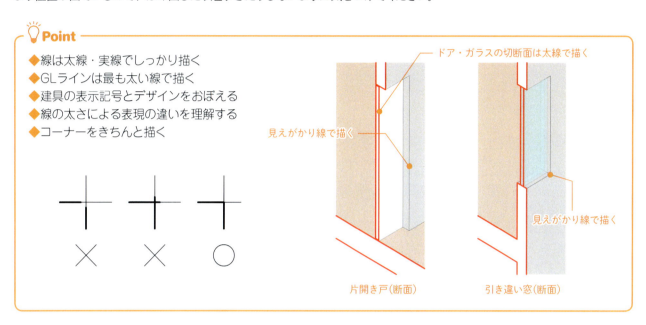

Point
- ◆線は太線・実線でしっかり描く
- ◆GLラインは最も太い線で描く
- ◆建具の表示記号とデザインをおぼえる
- ◆線の太さによる表現の違いを理解する
- ◆コーナーをきちんと描く

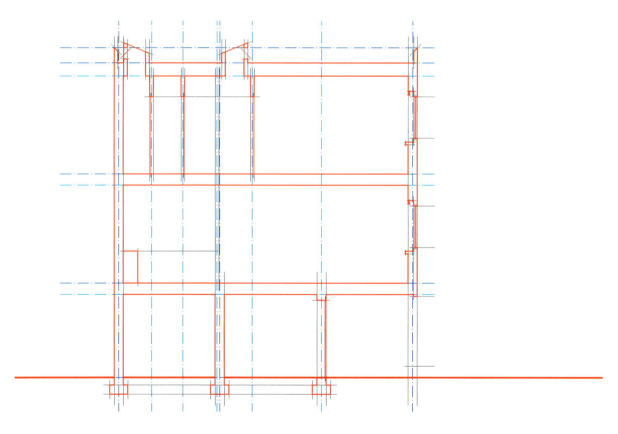

Step.4 断面図の描き方―見えがかり線を描く

切断面より奥にあるものを見えがかり線として、中線または細線の実線で描きます。表現されるものは、壁・家具・設備機器、建具枠、階段などです。
階段は、空間の上下階をつなぐ建築の重要なエレメントとなるので、高さ関係を表現する断面図にはできる限り描きます。階段各部の名称と蹴上げ・踏面の関係を理解し、階段がきちんと設計できるようになりましょう。

Point

- ◆ 線は中線または細線の実線で描く
- ◆ 断面線と同じように補助線をつけてから描く
- ◆ 階段の各部名称と蹴上げ・踏面の関係を理解する

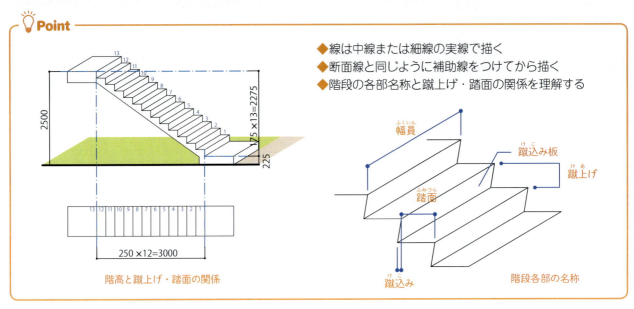

階高と蹴上げ・踏面の関係　　　階段各部の名称

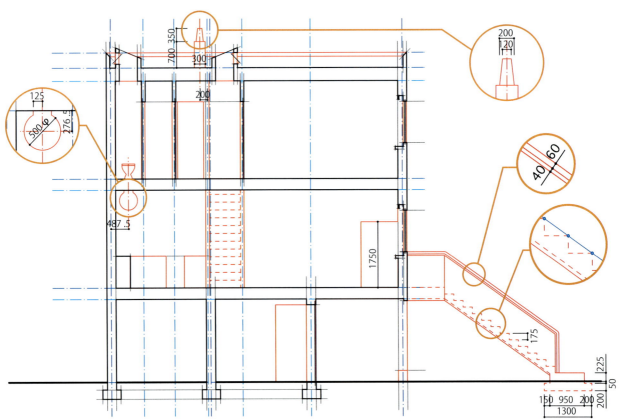

Step.5　断面図の描き方―文字・寸法・記号を描く

ここで描かれるものは、図面の中で重要な情報を伝達する役割を担っています。線は、濃い細線できちんと描きましょう。文字は読みやすいように、上下に補助線を引き、高さをそろえます。寸法はどこをおさえているのかがわかるように、寸法間に玉止めなどを表記する必要があります。さらに、部屋名、図面名称や縮尺、通り芯番号なども必ず記入します。

> **Point**
> ◆線は濃い細線で描く
> ◆文字は小さめに描き、上下左右なるべくそろえて配置する
> 細かい表現は平面図の64ページを参照

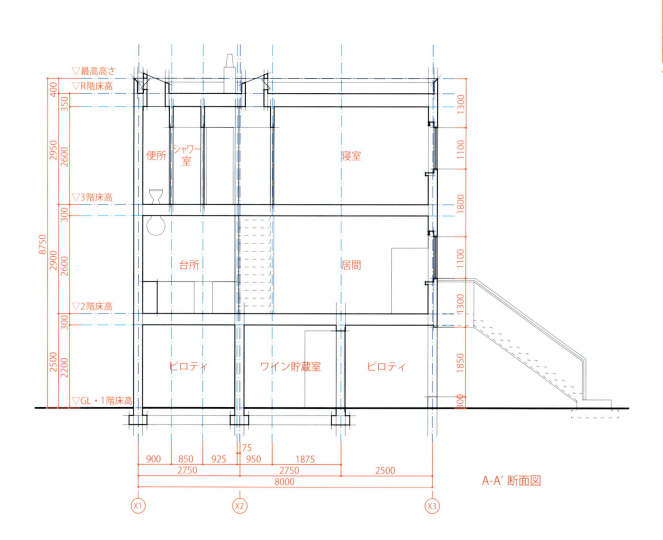

A-A' 断面図

Chapter.6　ル・コルビュジエの最小限住宅を描く

3. 立面図を描く

立面図は、建物の外観を描いたもので、基本的に外周面すべて（一般的に4面）を正投影で描きます。建物の手前で垂直に切断した表現となるので、図面では地盤面（GLライン）だけが断面線として描かれます。立面図で表現されるものは外部建具のデザインや大きさ、仕上げなどです。立面図の図面名称は、その立面が向いている方位からつけるのが一般的（例えば、北立面・東立面・南立面・西立面など）です。また、建物の主要な立面はファサードとも呼ばれ、道路に面している立面としている場合が多いですが、最小限住宅では玄関や水平連続窓のある南立面であると考えられます。

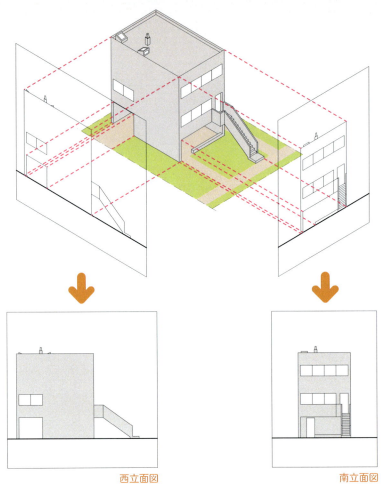

西立面図　　　南立面図

立面図のレイアウト

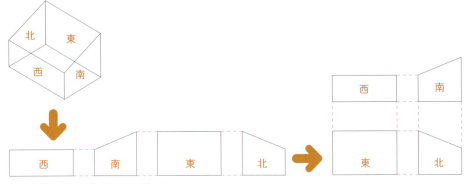

隣り合う立面を反時計まわりに並べる

用紙にレイアウトする際はなるべく上下もそろうようにするとよい

Step.1 立面図の描き方—基準線を描く

立面図の基準線は、断面図とほぼ同じです。
該当立面に関係する壁の位置を示す基準線と、高さの位置を示す基準線を補助線で描きます。
ここでは、南立面図を事例に描き方の説明を行いますが、レイアウトは巻末折込の図面を参照してください。

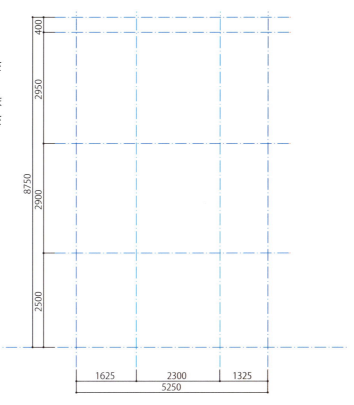

Step.2 立面図の描き方—建物の輪郭線と開口部位置を下書きする

建物の輪郭線と開口部の位置を補助線で下書きします。水平方向の寸法は平面図、垂直方向の寸法は断面図を確認しながら描きます。階段の寸法は、断面図の70ページを確認しましょう。

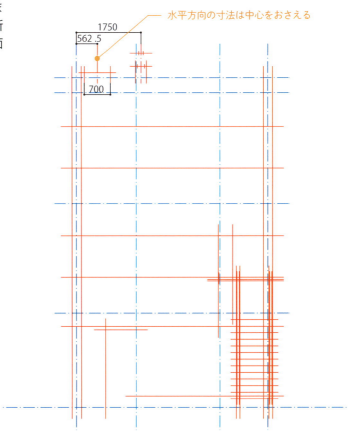

Step.3　立面図の描き方─見えがかり線を描く

Step.2で下書きした線を見えがかり線として描いていきます。建物輪郭線は中線、その他の見えがかり線は細線、目地などは極細線とします。

立面図は建物の手前で垂直に切断した外観を描いた図なので、地盤面（GLライン）は、太い断面線で表現します。

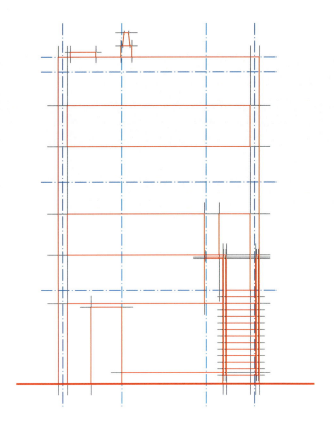

Step.4　立面図の描き方─建具・仕上げ表現、文字・寸法・記号を描く

建具や仕上げの表現は、外観デザインに大きく影響するため立面図に表現する必要があります。線は細線（極細線）で描きます。建具は平面図を見て開き勝手を確認し、正確に表現してください。

文字・寸法・記号は、平面図や断面図と同様、図面の中で重要な役割を果たしており、濃い細線で描きます。文字は読みやすいように、上下に補助線を引き、高さをそろえます。図面名称や縮尺も必ず記入します。

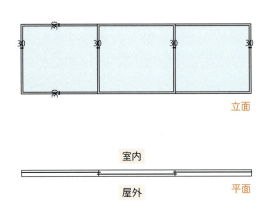

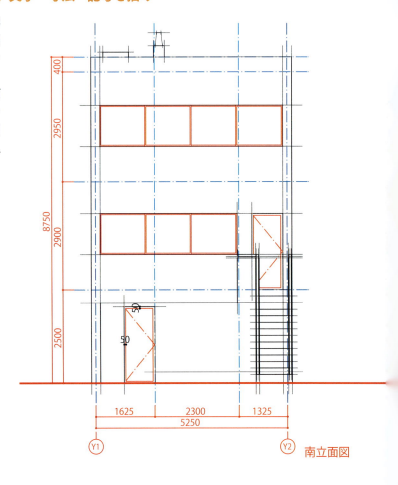

Chapter.7
建築表現のいろいろ
ル・コルビュジエのドミノシステムに学ぶ表現

ラ・トゥーレット　1960

北の礼拝堂。外観にみられる曲面の外壁と三方向のトップライトの形状が、内部では
鮮烈な色彩を持ち、荘厳な空間が醸成されている。

column

ドミノ・システム 「Dom-ino」system

1914年、ル・コルビュジエは、エンジニアのマックス・デュボア（Max du Bois：チューリッヒ工科大学出身）との共同開発によって、鉄筋コンクリート構造の3枚のスラブと6本の柱、それに階段の付いた建築の基本的構造体を考案しました。「ドミノ・システム」と呼ばれるこの構造体こそ、その後にル・コルビュジエが提唱する新しい建築の原型となったものでした。

このドミノ・システム、すなわち、「Dom-ino」は、「Dom」と「ino」の造語で、ラテン語の家屋や家庭を意味する「Domus」と技術革新を意味する「Innovation」に由来するものであるといわれています（ジャン＝ルイ・コーエン『ル・コルビュジエ』TASCHEN 2006）。ル・コルビュジエが、このような構造体を提案した背景には、戦争で失われた住宅を復興させるための大量生産化という目的がありました。そのため、この同じ構造体による建築が連なって存在する様子がイメージされていたのです。ドミノという名称には、遊戯のドミノのように同じものの連続するイメージも込められていたようです。

改めて、この構造体に目を向けると、注目されるのは内部と外部を仕切る壁がないことです。壁の代わりに6本の柱が構造体として存在し、壁はあくまでも仕切るためのパーテションの役割だけのきわめて自由な存在であったことが示されているのです。まさに、のちの「近代建築の五原則」で謳われる「自由な平面」と「自由な正面（ファサード）」がここでも表現されているのです。また、3枚のスラブを支える6本の柱は、よく見ると外壁の位置とは異なり、柱は少し内部に配されていることがわかります。これもまた、のちの「水平連続窓」の出現を暗示しているといえるのです。柱が室内側に配されているために、外壁をガラスにしても、そのガラスを区切る柱はなく、外壁全体を1枚のガラスで仕切ることができるのです。同様に屋根は平らで、階段は屋上へと上ることができるように配されています。のちの「屋上庭園」の可能性がここでも示唆されているのです。このように、このドミノ・システムは、のちのル・コルビュジエの提唱する新しい建築の姿をいち早く表現したものでもあり、まさに、ル・コルビュジエの建築の原点といえるものであることがわかります。

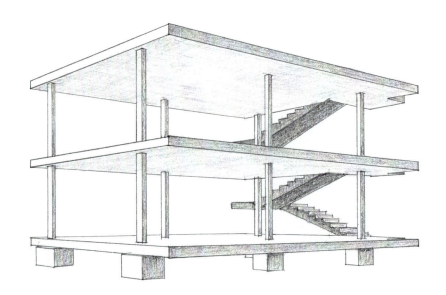

Chapter.7　建築表現のいろいろ　ル・コルビュジエのドミノシステムに学ぶ表現

平面図、断面図、立面図から模型をつくる

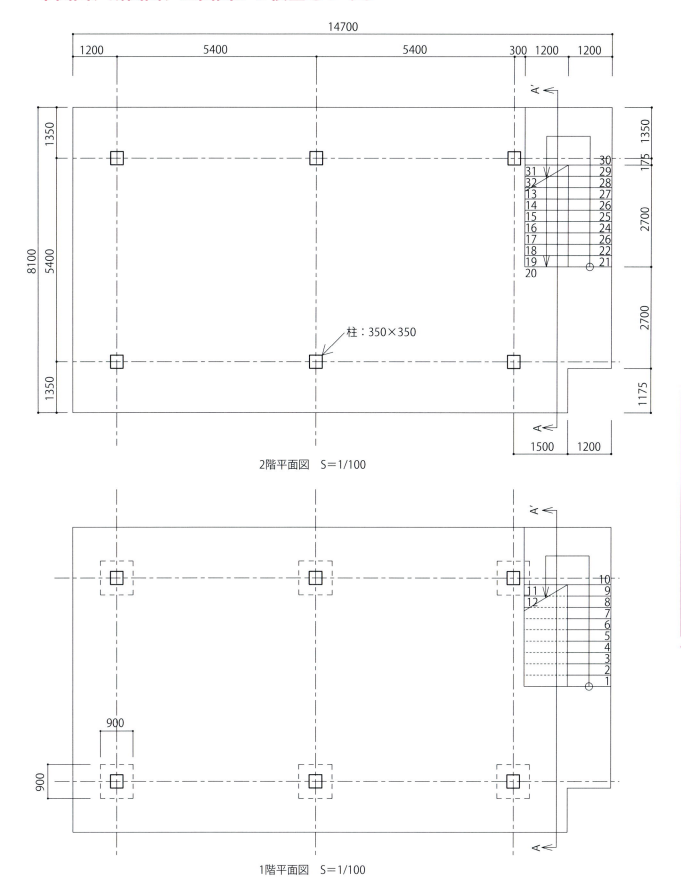

2階平面図　S＝1/100

1階平面図　S＝1/100

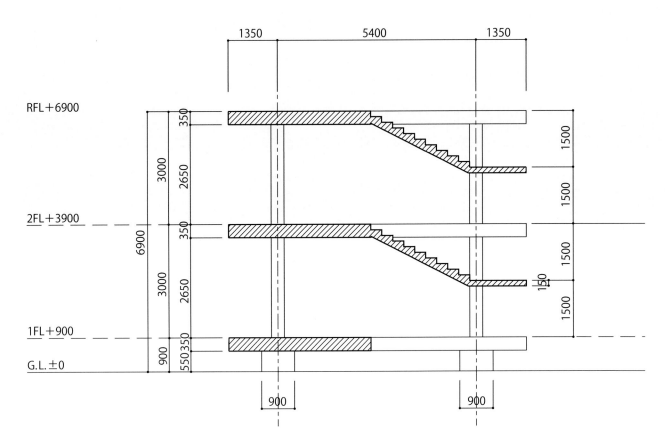

A-A' 断面図　S=1/100

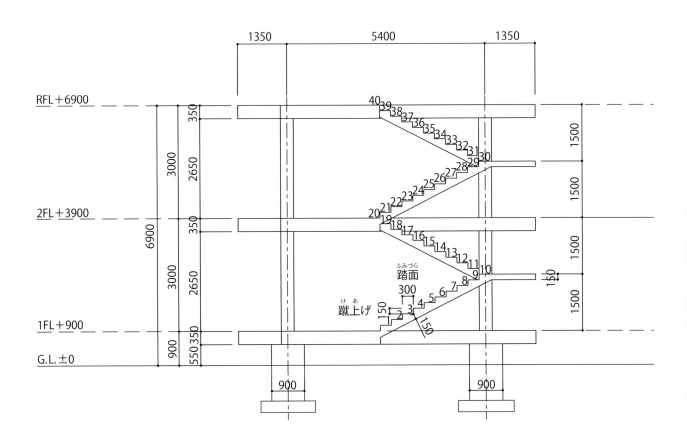

立面図　S=1/100

模型をつくる

❶「試作」で確認　模型をつくる第一歩─用具と材料

切るための道具には、カッターナイフ（45度刃、30度刃）、カット定規（ステンレス定規、アルミ定規など）、カッターマット、スコヤ（直角定規）などがあります。
用途に応じて大小、刃の種類を使い分けましょう。

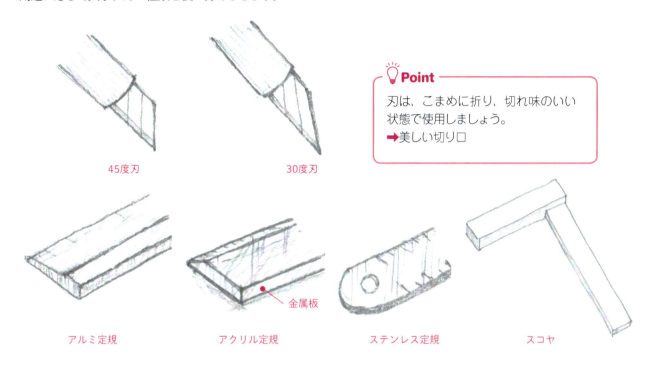

> **Point**
> 刃は、こまめに折り、切れ味のいい状態で使用しましょう。
> ➡美しい切り口

接着剤には、スチのり、木工用ボンド、スプレーのりなどがあります。

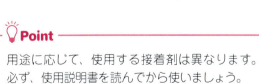

> **Point**
> 用途に応じて、使用する接着剤は異なります。必ず、使用説明書を読んでから使いましょう。
> ➡美しい接着

スプレーのりは、空気中に舞うため、必ず専用ボックス（段ボール箱など）内で使用しましょう。

【材と剤】
「材」は材料の材ですが、「剤」は薬剤の剤です。接着剤の「剤」は薬剤の剤なのです。使用には注意しなければなりません。

基本材料には、スチレンボード、厚紙（ボール紙、ケント紙、ダンボールなど）、バルサ材、ヒノキ角材、ミューズコットン、プラ板などがあります。スチレンボードは、よく使用します。

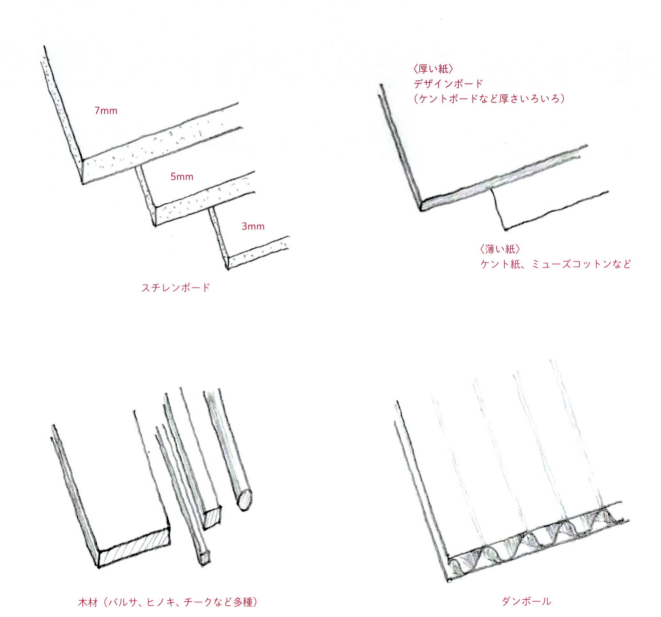

ほかにも模型に使用できる材料は多種あります。身の回りの材料（アルミホイール、布など）から、模型用につくられた材料まで多様なものがあるので、デザイン用品店などで調べておきましょう。
紙類、木材（板材、角材、丸棒など）、金属類（線材、板材、棒材、パイプなど）、樹脂（板材、棒材、パイプなど）、モデリングペーストなど多種多様な材料、製品などが、模型制作に使用できます。どんな材料があるのか、日ごろから見ておきましょう。

【実物確認】
世の中にはさまざまな材料、素材、製品などが販売され使用されています。インターネットの画像では実感が伝わりにくく、触れることができません。「選択」には「実感」が不可欠です。実物確認をして購入し、使用するようにしましょう。

❷「切る」「貼る」は、「よく切れる刃」と「つけすぎない」で美しく

切ることは、美しい模型の第一歩です。というわけで、美しく切りましょう。
よく使うスチレンボードは、スチレンペーパーの両面に紙が貼られたものです。
まず、表面の紙を切り、次にスチレンを2〜3回で切って最後の裏面の紙を切ります。
90度に接着する部分は、一方のボードの片方の表面の紙を残し、接着する厚み分の寸法のボードを切り取ります。

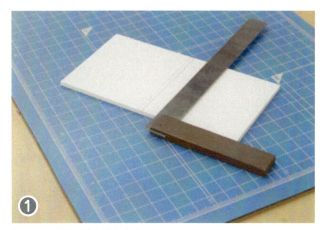

① 切り取る位置に線を引きます

② 表面の紙を切ります

③ 2〜3回でボードを切ります

④ 裏面の紙を切り、切断終了です

> **Point**
> 力で切らずに、よく切れる刃で軽く切りましょう。トマトを切る要領で、まずは表面の紙（皮）を切り、次にスチレン（身）、最後に裏面の紙（皮）を切るようにすると、無理なく切ることができます。

【カッティング】
材料の種類により切る道具を選びましょう。包丁と同様にカッターナイフも種類が多いです。カッターが主役なら、カッターマット、カット定規（ステンレス、アルミ、金属面付アクリルなど）、スコヤなどは、大切な脇役です。

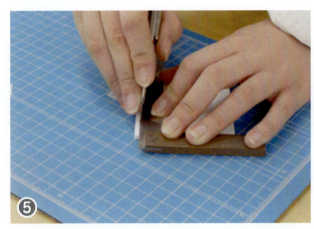
⑤ ボード厚分の接着面をつくります

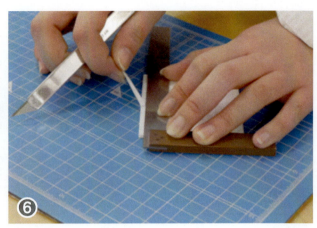
⑥ 表面の紙を切り取ります

⑦ 切れ目からスチレンをはがします

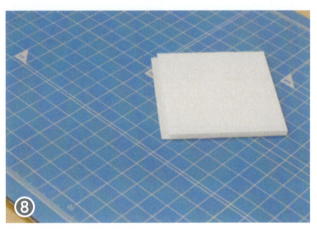
⑧ 裏面の紙が残った状態となります

⑨ 最初に切った部材を仮置きします

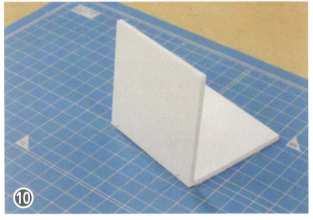
⑩ ピンで仮止め後、確認して接着します
接着後は、ピンなどで固定して乾燥させます

【接着剤と脇役たち】
用途に応じた接着剤選び、片面塗り、両面塗り、乾燥時間、圧着、接着終了時間、換気、火気厳禁など使用説明書をよく読んで使用しましょう。固定のための道具類（ピン、マスキングテープ、スコヤ、治具、旗がね、など）の用意を忘れずにしておきましょう。

❸ 貼ることで、模型が完成します

スチレンボードには、スチのり（スチレン用接着剤）を使用します。
接着剤を、接着する片方の材料の接着面に薄く延ばして付け、他方の材料に圧着します。
ずれや歪みが生じないように、ピンや仮止めテープ（マスキングテープなど）で固定して乾燥を待ちます。乾燥後に仮止めのピンをはずすか、見えない部分では差し込んで補強することもできます。

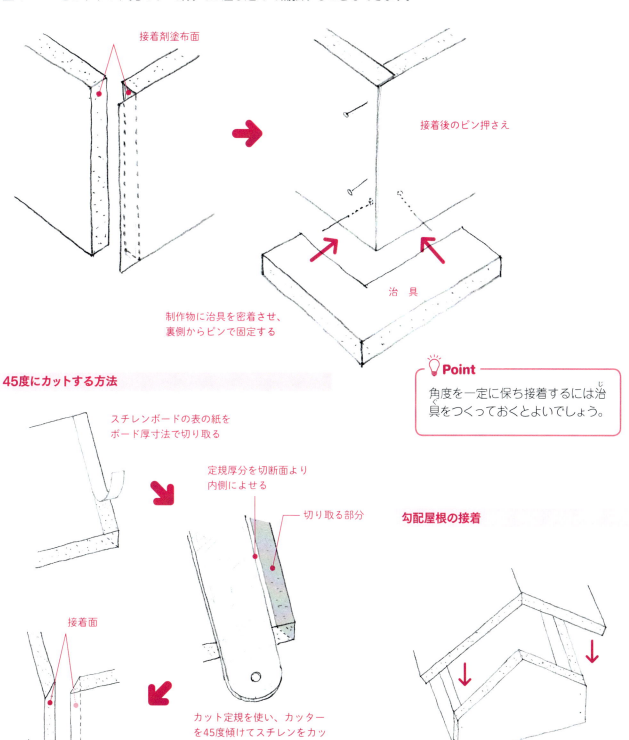

❹ ドミノシステム模型のつくり方／基礎、床（スラブ）、柱、階段、踊り場

トレースした図面（S＝1/100）を拡大コピーによりS＝1/50の図面にします。
模型材料はスチレンボードを使用します。主に7mm厚（t7）を使用し、階段および踊り場は3mm厚を使用します。カッティングは、カッターマットの上でカット定規とカッターナイフを使用しましょう。また、スコヤ（直角定規）の使用により正確なカッティングが可能です。接着にはスチレン用接着剤を使用します。

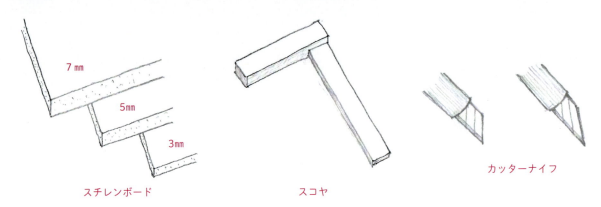

スチレンボード　　　スコヤ　　　カッターナイフ

❺ 床スラブのつくり方

S＝1/50の図面（床スラブ1階、2階、3階）を、貼ってはがせるスプレーのりを使ってスチレンボードに貼ります。図面の周囲を少し残してカットし、裏面にスプレーのりをつけます。
接着後は、図面にしたがって、カッターマットの上でカット定規とカッターナイフで切断しましょう。

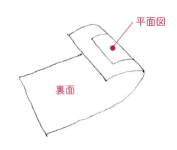

噴霧した接着剤が周囲にかからないように
ダンボール箱などを使用しましょう。

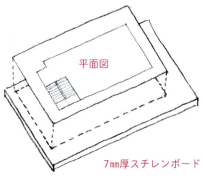

7mm厚スチレンボード

❻ 柱のつくり方

柱は断面寸法が350mm×350mmですから、7mm厚のスチレンボードを使用します。7mm幅にカットすれば、柱の断面寸法の模型材料ができます。ここでは、建物の実寸（実際の寸法）を50分の1に縮小して
模型を作成します。したがって柱の350mm×350mmの断面は、
模型では、7mm×7mmとなります。

 Point
柱は、階ごとに立てる方法と、一本で通す方法があります。それぞれのメリットおよびデメリットを考えてみましょう。

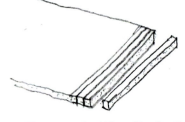

7mm厚スチレンボードを7mm幅にカット

【スプレーのり】
スプレーのりには、貼ってはがせるもの、はがせないものなど強度に種類があります。霧状に舞い上がるので吸い込んだり机、床、衣服などについたりしないように注意しましょう。

❼ 階段と踊り場のつくり方

階段は、水平部分の「踏面（ふみづら）」と垂直部分の「蹴上げ（けあ）」によりできています。
蹴上は150㎜であることから、3㎜厚スチレンボードが適しています。
作成方法は複数考えられます。どのようにつくるか検討しましょう。

ささら桁と段板、裏板でつくる方法

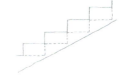

スラブと段板（三角形断面）でつくる方法

台形断面の段板でつくる方法

【つくり方】
模型の役割は、設計者が設計中に確認するためのもの、クライアントに説明するためのもの、完成状況を表すもの、現存しない建築を再現したものなどがあります。用途や目的により、材料や表現方法も異なります。いろんな模型表現にトライしてみましょう。

❽ ささら桁と段板、裏板でつくる場合の例

ボードに描いたささら桁を切り出す

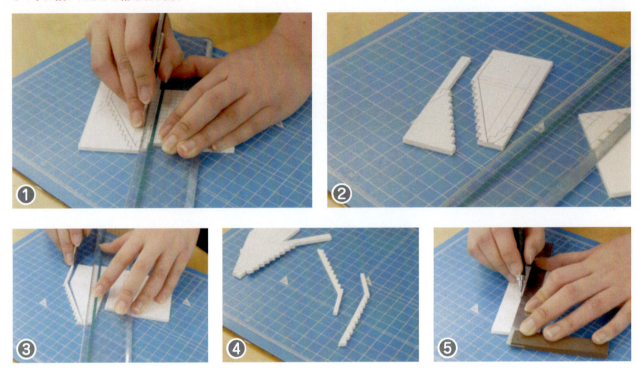

段板をつくる

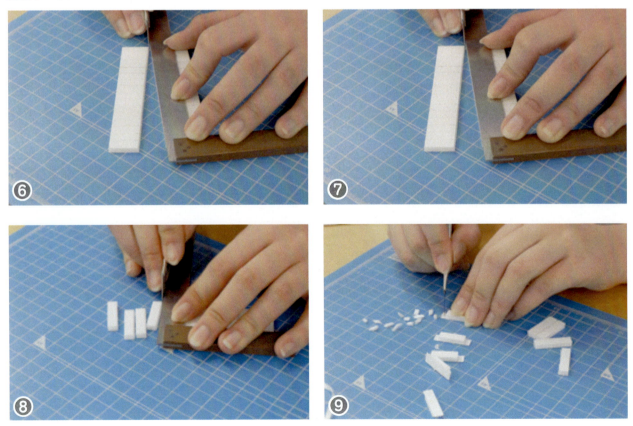

⑩ ささら桁と段板

踊り場をつくる

⑭ ささら桁の1本を踊り場に差し込む溝を掘る

階段を組み立てる

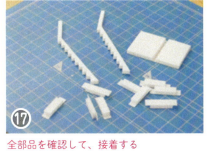

⑰ 全部品を確認して、接着する

⑲ まず2か所を固定する

階段を組み立てる

段裏に貼る紙は、スチレンボードから、はがしたものを使用

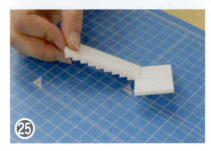

ささら桁に貼った図面をはがす

❽ 全体を組み立てる／仮組と本組

虫ピンなどを使用して建ちあがりを確認します。問題がなければ接着します。ゆがみが出ないよう、動かないように固定して乾燥させましょう。

Point
接着剤は、多からず、少なからず。乾燥して完成です。

【切れ味、適量】
カッターナイフは、力ではなく切れ味。刃はこまめに折ってシャープな切り口を保ちましょう。接着剤は多くもなく、少なくもなく。多いと乾きが遅く、はみ出したものは美しくありません。少なすぎると乾燥後にはがれる場合があるので、「適量」を自分で探り出しましょう。

図面を描く／アイソメトリック（アイソメ）による表現

❶ GLから床へ立ち上げましょう

アイソメは、一点から水平線に対して30度の角度で両側に引いた基準線を使って平面図の寸法をそのまま測り、紙面に平行四辺形状の平面形を描きます。高さは垂直方向に、立面図（あるいは断面図）の寸法を写しとり、順に1階、2階、3階（屋上）を描きます。もちろん、作図補助線を使って描きます。仕上げ線は上階から下階へ順に描きます。

> **Point**
> GL面からの高さの確認を十分にしましょう。

1）平面形を基にして、高さを立ち上げる
2）床スラブ厚、柱などを描いていく

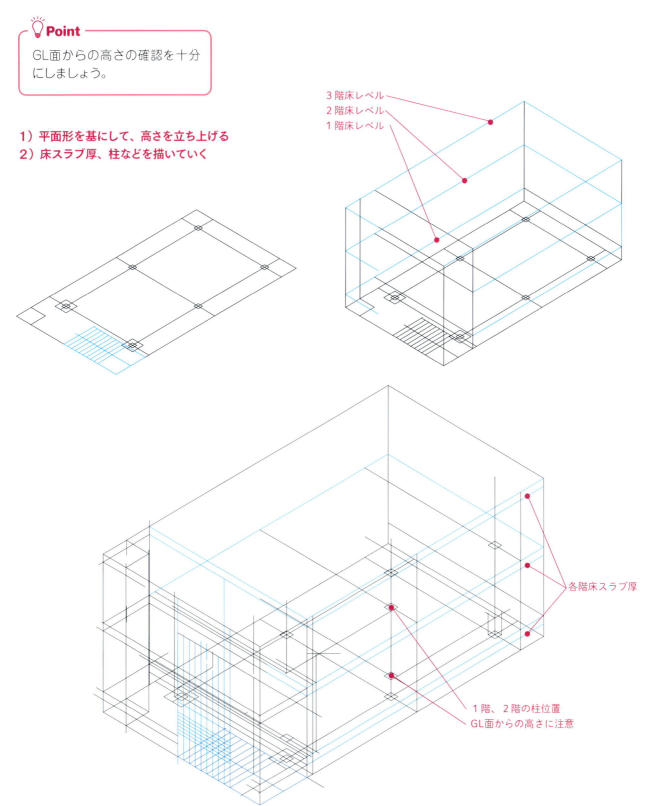

3階床レベル
2階床レベル
1階床レベル

各階床スラブ厚

1階、2階の柱位置
GL面からの高さに注意

❶ 階段を描く

踏面（ふみづら）は、階段上下で同じ位置、蹴上げ（けあげ）は階高（上下の床と床の距離）の均等割りでできています。

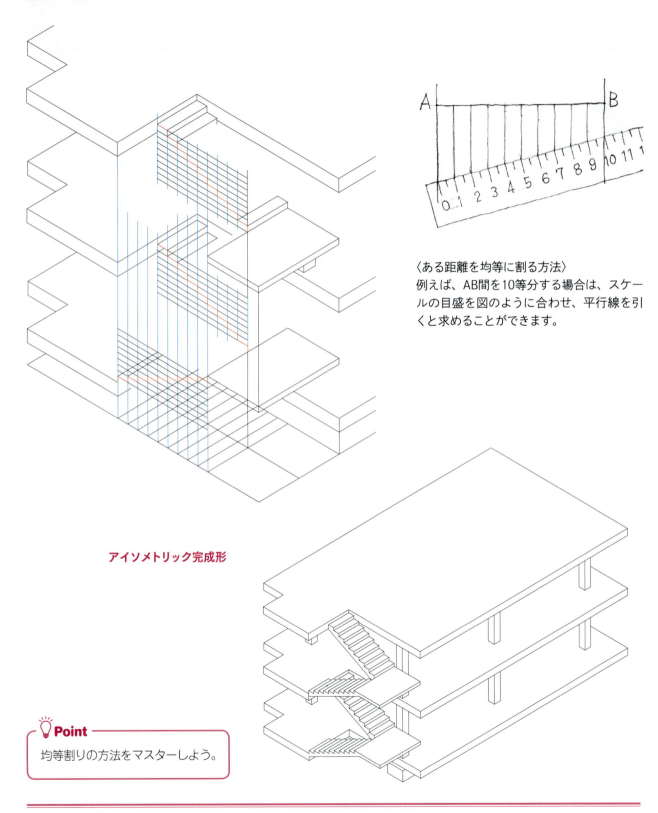

〈ある距離を均等に割る方法〉
例えば、AB間を10等分する場合は、スケールの目盛を図のように合わせ、平行線を引くと求めることができます。

アイソメトリック完成形

> 💡 **Point**
> 均等割りの方法をマスターしよう。

【階段の三要素】
「踏面」「蹴上げ」「蹴込み」の寸法が、階段の上りやすさと下りやすさを決定します。建築基準法にしたがって設計しますが、心地よさ、使いやすさは、使用する私たちが感じるものです。いろんな階段を調べてみましょう。

図面を描く／透視図（パース）…一点透視図の描き方

透視図（パース）は、写真のように見える完成予想図などのことです。
透視図には、一点透視図（平行透視図）、二消点透視図、三消点透視図などがあります。ここでは、一点透視図（一消点透視図、平行透視図）で立体表現をします。

足線法で描くパース

パースには、何通りかの描き方があります。ここでは足線法による描き方を学習します。立体空間を平面上（用紙）に、実物を写真に写したように描く方法が透視図法（perspective projection）です。
人、画面、空間の関係と、各名称をおぼえましょう。

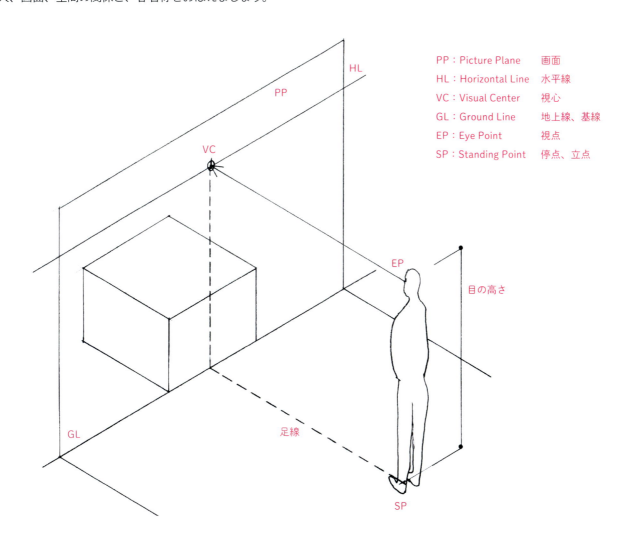

PP（Picture Plane：画面）の後ろに立体空間がPPに接しておかれています。PPには立体の間口・高さの実長が示されています。PPの手前のSP（Standing Point：停点）に立って立体を見ています（目の高さは通常1500㎜とします）。PP上のVC（Visual Center：視心）がパースの奥行の線が集まる点となります。VCはHL（Horizontal Line：水平線）上にあります。作図は用紙上に描くので、垂直に立ったPPを平行に任意の位置まで移動して紙面上に倒した状態（92ページ参照）がSPの手前に描かれた図（透視図）です。

❶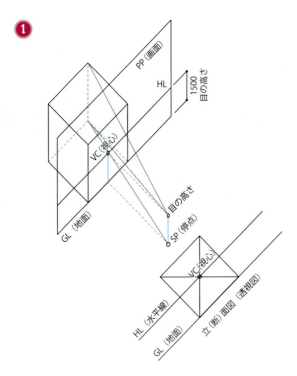

空間は間口・奥行・高さともに3000㎜で、VCは間口と高さの中央とします。透視図上の立面図の四隅からVCに向かう奥行の線を4本引きます。

❷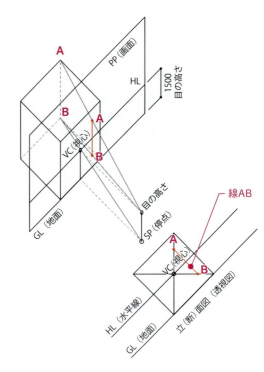

立体のA点とB点を透視図上に描くには、目の高さとA点およびB点を結びPP上でのA点とB点を確認します。透視図上では図のように線ABを引くことができます。

❸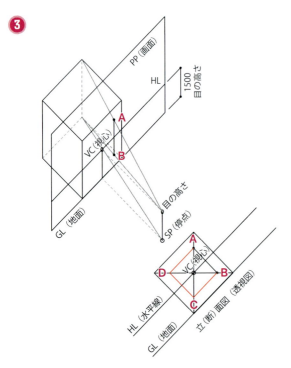

目の高さの位置は、立体正面の左右の中心に、また高さについても、上下の中心に設定してあります。したがって、この透視図は、左右、上下とも対称形です。
A点およびB点からの水平線が、VCに収束する奥行線と交わる交点CおよびDまでの線が、求める背面の上下の線です。C点とD点を結ぶと背面の形ができあがります。

❹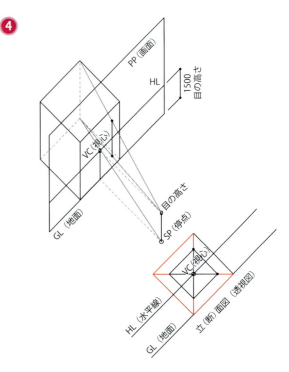

最後にVCに収束する奥行線の必要部分を太線で仕上げれば、できあがりです。

平面図とパースの関係
1）SPから求める奥行のA点およびB点の位置をPPに移動する。
　　パース画面上のVCに向かう奥行の線を引く。
　　PP上のA点およびB点をパース画面に移動し、線A-Bを引く。
2）パース画面上のA点およびB点より水平に線A-Dおよび線B-Cを引く。C-Dを結べば奥の壁ができる。床および天井と壁の奥行線を引いて完成。

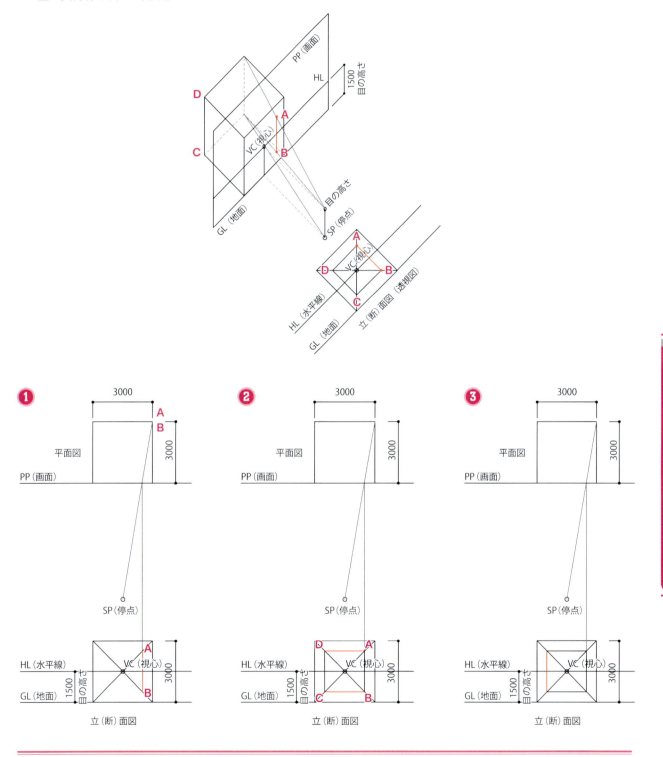

【PP、SP、GL、HL、VC】
PP（画面）とSP（停点）の関係、PPに描かれたGL（地面）並びにHL（水平線）とVC（視心）の関係について、混乱しないようにしっかり記憶しましょう。

ドミノシステムのパースを描く

床の奥行、柱の位置、基礎の確認からはじめます。
足線法で描きます。SPからPP上に奥行を求め、それをパース上に描きます。

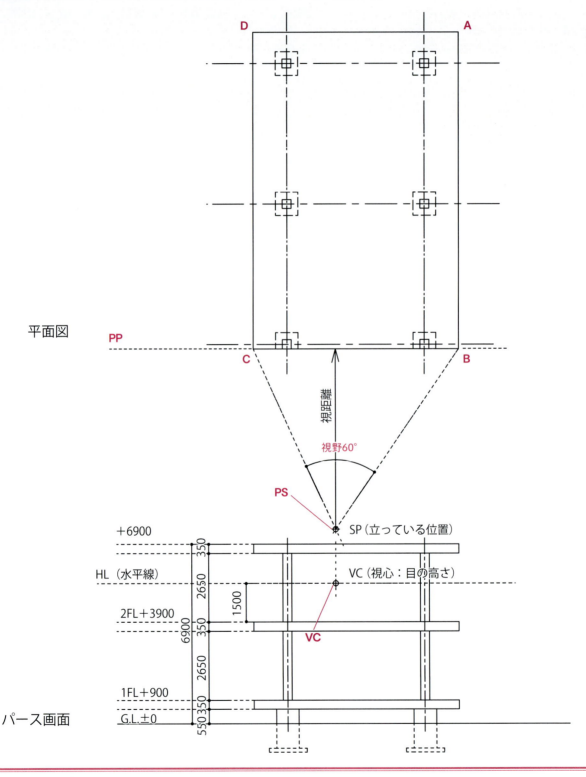

【写真とパース】
フィルム写真は高価であったため、1枚撮るために時間をかけ集中力を高めてシャッターを切ったものです。そのおかげで、画像・詳細・空気感が記憶にもはっきり残り、のちのち多方面で役立ったのです。もちろんパース表現に大変役立つことは紛れもありません。記憶は、あとになって役に立ちます。

平面図上のSPから2階床上に奥行を求めます。

❶ はじめに、SPと床スラブの右奥の角のA点を直線で結びます。

❷ 結んだ直線とPPとの交点Eから、パース画面上に垂線を下ろします。
VCと床スラブ右手前B2点を結んだ線VC−B2との交点A2が求める奥行の点です。

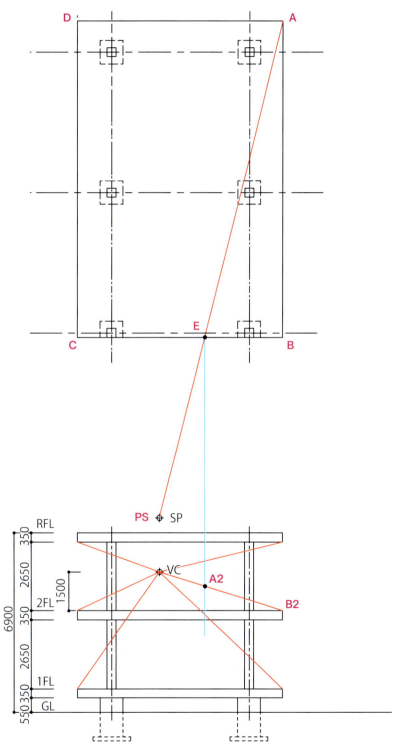

❸ 点A2から水平線をD2まで引くと2階床の奥のラインができます。
同様に点A3から水平線をD3まで引くと、2階天井（屋上スラブ）の奥のラインができます。

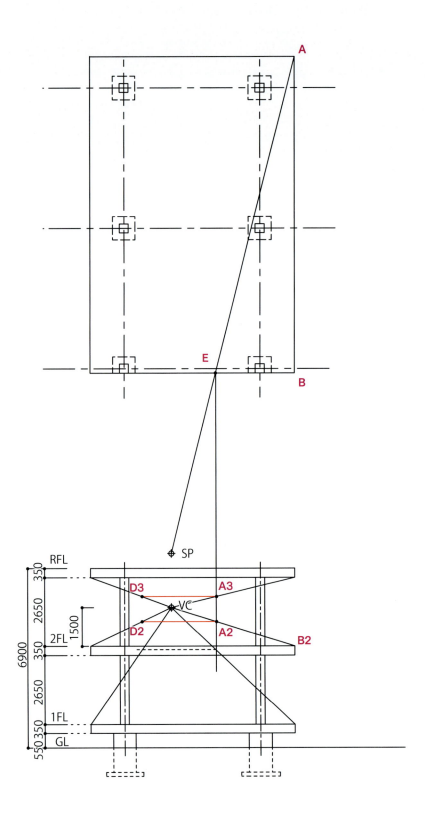

❹ 次に柱の位置を求めます。
点Aをパース上に求めたときと同様に、平面図上の各柱の位置をパース上に求めましょう。
平面図では、SPから各柱の位置に線を延ばし、PPとの交点の位置を垂直にパース上に下ろします。パース上では、最前列の柱位置からVCへ線を延ばします。この線とPPからの垂線の交点が各柱の位置になります。

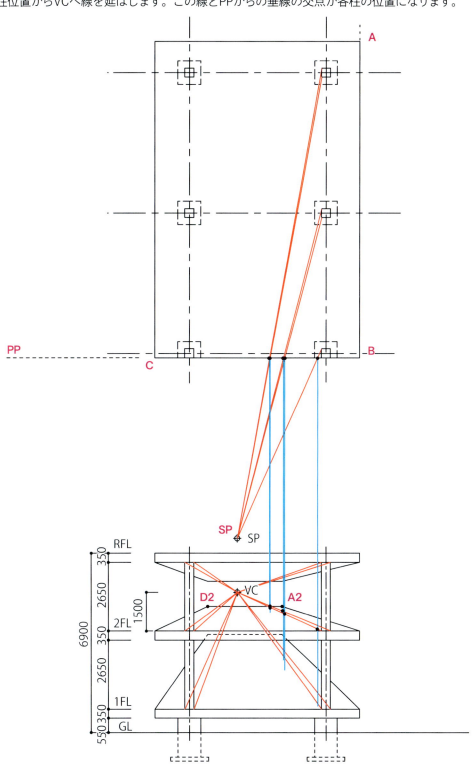

❺ 右側の列の柱位置（各床面および2階天井面）から左へ水平線を引くと、左側の列の柱位置が決まります。

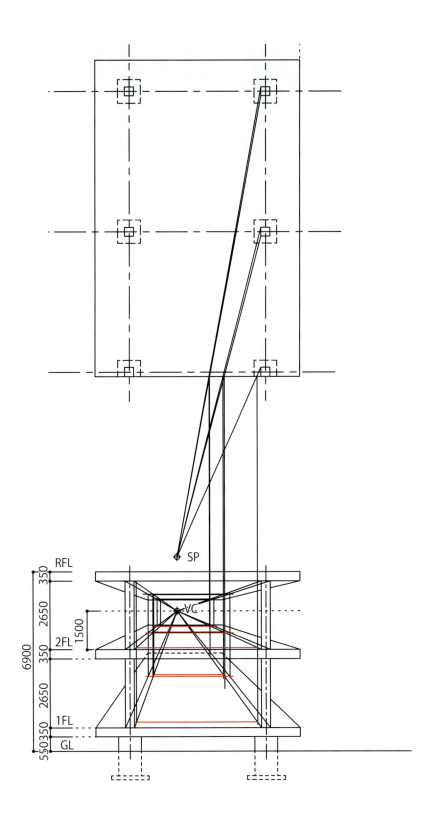

❻ ここまでで、床と柱の下書きが描けました。太線・中線・細線を使い分けて仕上げます。

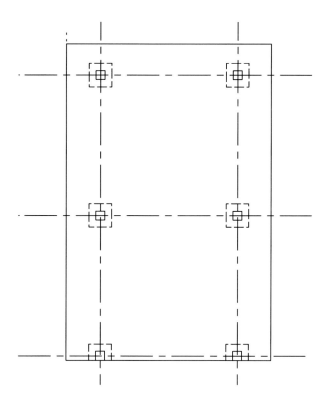

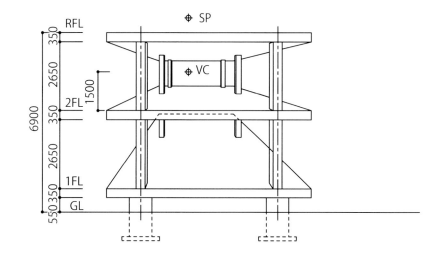

❼ 最後に基礎を描きましょう。柱と同様に平面図上でSPから右側の基礎の奥行の線を引き、PPとの交点から垂線を下ろしましょう。パース上の右側の基礎の奥行が決まります。

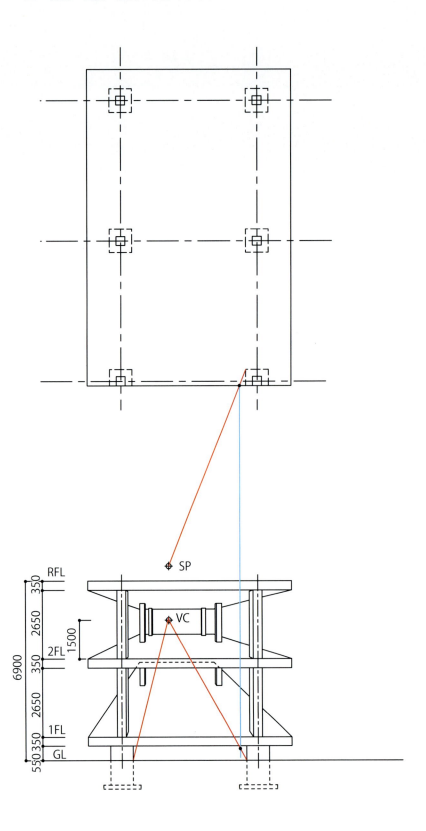

❽ 右側の基礎から左の基礎に向かって水平線を引き、奥行を決めます。
これで基礎の形が整いましたか。

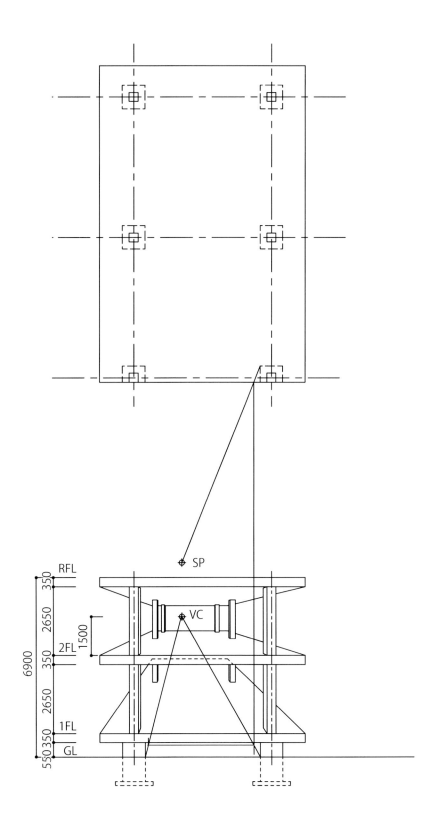

❾ 仕上げ線を引き、全体の線の調子を確認しましょう。1階床の破線とPS、VCを消してできあがりです。

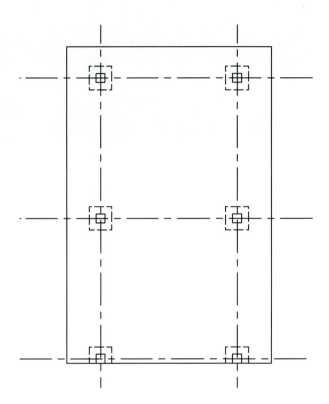

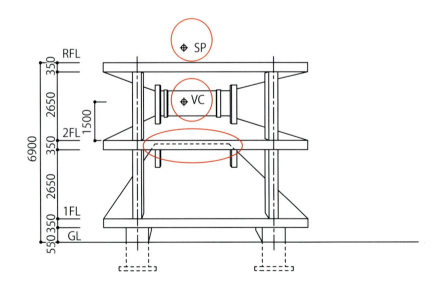

❿ 完成です！

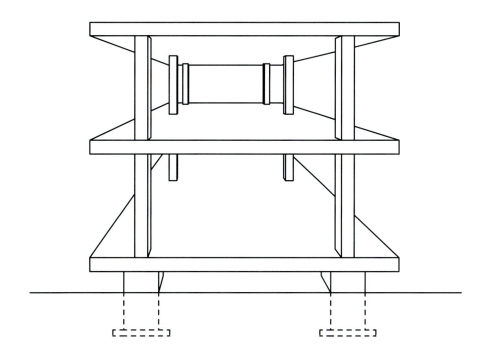

> **💡 Point**
> 単純作業の繰り返しで、パースはできあがっていきます。
> 補助線を上手に使って、全体像を捉えましょう。全体像が見えたら、必要な線だけをはっきりとわかるように引くことで、多数の線による混乱を防ぐことができます。

陰影をつける…"ちょっと難しい"に挑戦

右手前上45度からの太陽光による陰影をつけます。

① 3階（屋上）床スラブ下の角B点の影を2階床に落とします。2階床と天井の間の寸法2650㎜による正方形のE点を2階床に鉛直に下ろしたE2点、および1階床に下ろしたE1点が各階のスラブ下の角B3、B2の落とす影の位置となります。補助線を上手に使って描くようにしましょう。

陰影のつけ方

建築は、建物そのものだけでなく樹木などの周辺環境を含めた陰影により、豊かな表情をつくり出します。透視図に陰影をつけることで、建築の立体感を浮かび上がらせ存在感や奥行感のある透視図に仕上げるとともに、計画している建築のイメージをより鮮明に伝えることができます。ここでは、太陽が光源（平行光線）と考え、右上手前45度の位置から照らされているとすると、空間がPPに接する右上の角部分の影は奥の左下の角部分に落ちます。

【身近な陰影を観察】

天気のいい日は、陰影を観察してみよう。思っているよりも影も陰も意外に濃いことがわかるでしょう。階段の影や円柱に落ちた影などの形も、観察すれば「なるほど」と、納得できるのではないでしょうか。

Chapter.7 建築表現のいろいろ ル・コルビュジエのドミノシステムに学ぶ表現

❶ 平面図の線分BEはPPに対して45度です。この45度方向に向かう線については、透視図のHL（水平線）上の点DVPが消点です。
先ほど決定したE2およびE1からF2およびF1に水平に線を引くと、各スラブ上に上階の影の手前の線ができます。
DVPとE1、E2を結んだ線が、床スラブ上の奥行方向の影の線です。

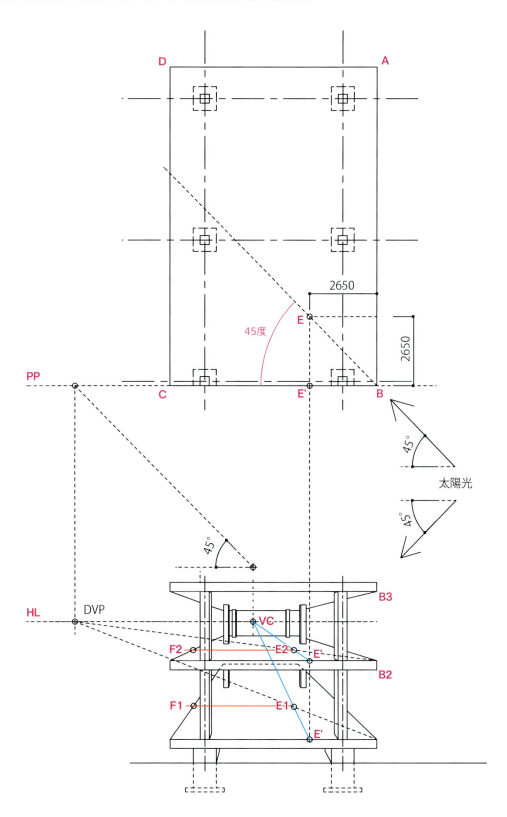

❸ 次は各スラブの左手前の角、平面図のC点の影の位置を探しましょう。

パース上のB3-E2およびB2-E1の延長線とDVP（45度の消点）からの垂線との交点を見つけます。この点が光の消点RVPです。平面図上のC点からの45度の線は、パースではC0とDVPを結んだ線となります。つまり各階床スラブの影の奥行方向の消点がDVPです。次は、RVP（光の消点）とC3u、C2u、C1uを結んだ各線と、DVP（45度の消点）とC0を結んだ線の3つの交点G1u、G2u、G3uを作図します。この3点が、GL（地盤面）上に落ちる影の位置です。

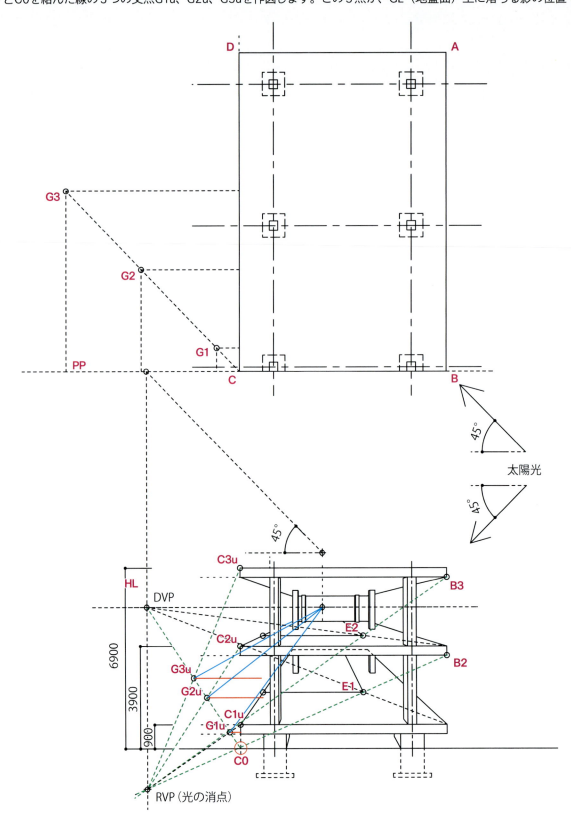

❹ 先ほど描いた各スラブの角（C1u、C2u、C3u）の下面の角（C1、C2、C3）の影の位置を描きます。
上面の角と同様に、DVP（45度の消点）C0を結んだ線と、RVPとC1、C2、C3を結んだ各線との3つの交点G1、G2、G3が求める点です。また、基礎がらみの影は、F1およびF2からRVPに向かって引いた線と、1階スラブの影の線（一番手前の水平の影線）との交点GF1、GF2を求めることができます。

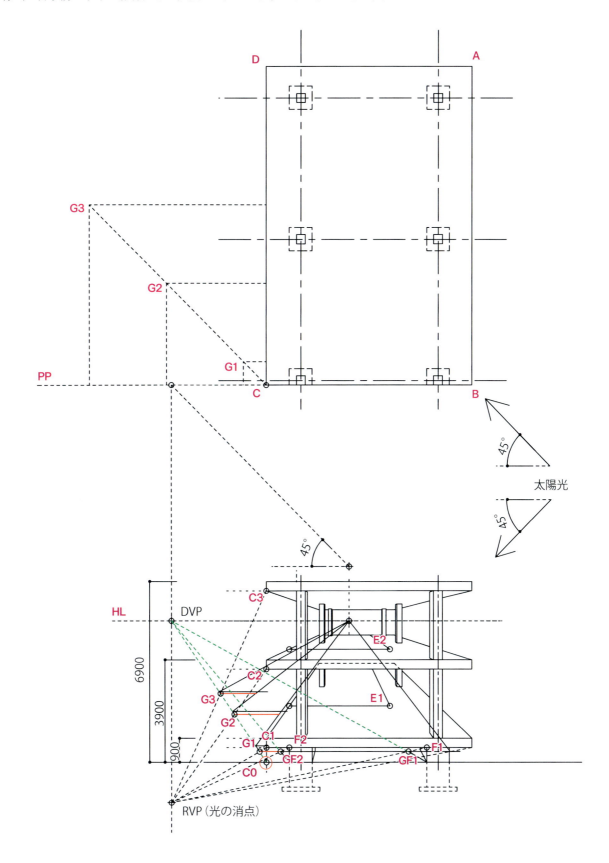

❺ 補助線で記入した各線のうち、必要な影の線の確認をしましょう。各階床スラブの下階床スラブおよび地盤面に落ちる影の形態が、浮かんできます。

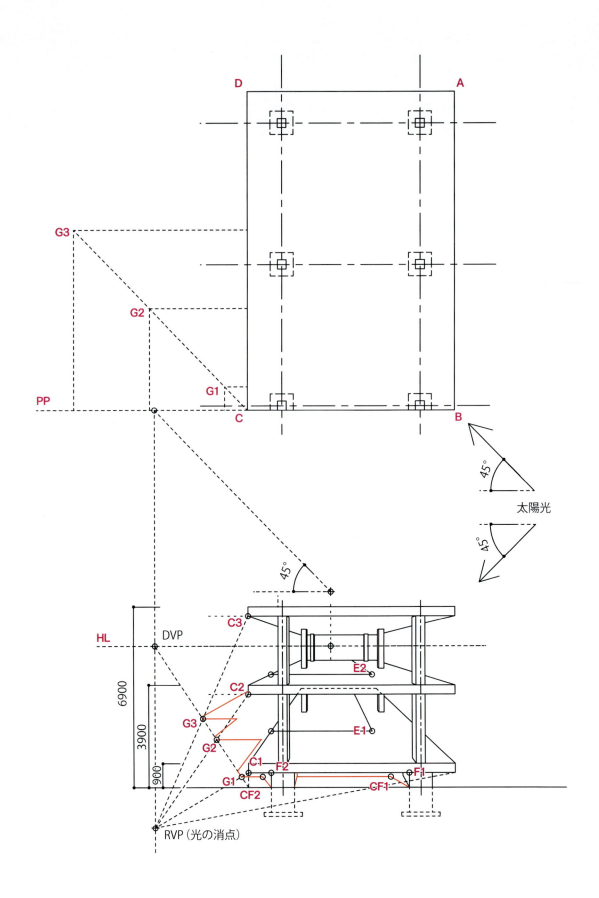

❻ 次は、柱の影を描きましょう。
各柱の床スラブ上あるいは地盤面上の位置からDVPに向って引いた線の、各階スラブの影との交点間が柱の影です。

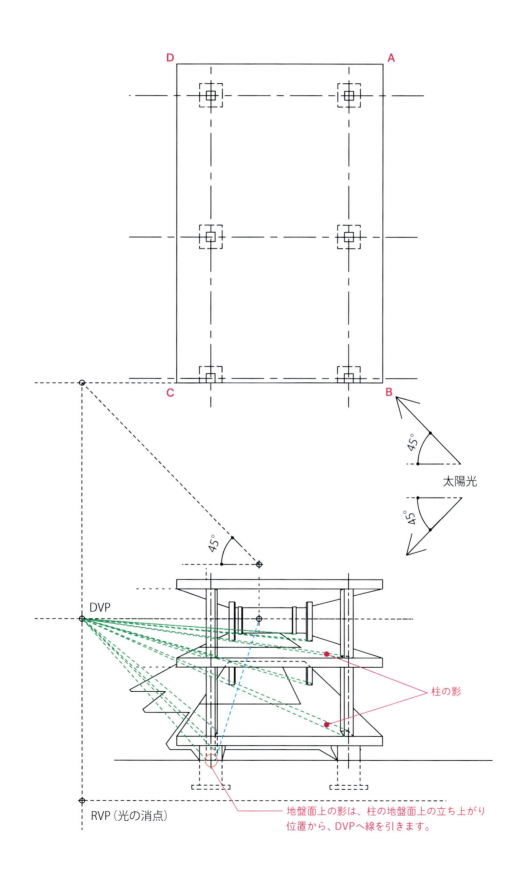

❼ 柱の影のアウトラインを確認して、描き忘れがなければ仕上げに移ります。
この時点では、完成時に不要な線がありますが、作図補助線（薄い線）で描いているので気にすることはありません。

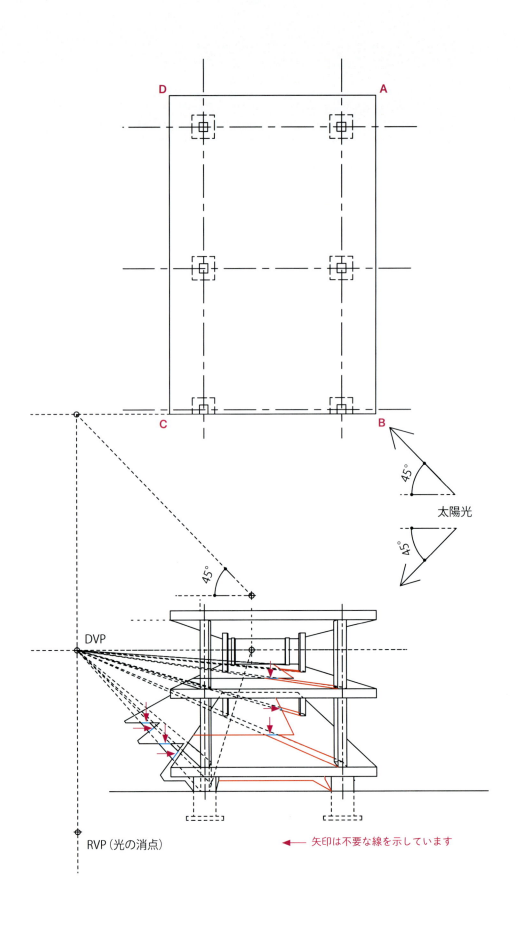

❽ 必要な線だけを明確に引くと、影の形がはっきりします。
しかし、まだ左右両方の列の柱に落ちる床スラブの影は描けていません。

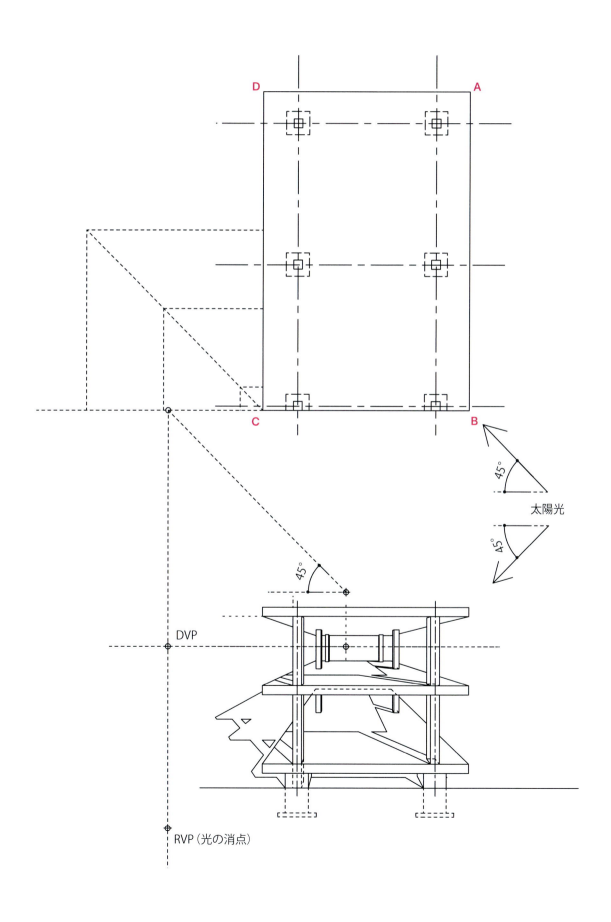

❾ 左列では、一番手前の柱の右側の面に影が落ちます（他の2本は床スラブの影の中に入ります）。影は、柱位置から水平右に350㎜（柱断面寸法）の距離のところからRVPに向かいます。図のように、その途中の点P4、P5が床スラブから柱に落ちる影の終点です。基礎についても同様に描きましょう。では、右側の柱列の影は、どう落ちるのでしょうか。各柱の左面（内側）は全面が陰です。図の正面側は、最前列は全面に光が当たります。奥の2本については図のように軒の出と同寸法の1525㎜を柱上端から下げた点P3とVCを結んだ線上のP2、P1からDVP方向に影が落ちます。

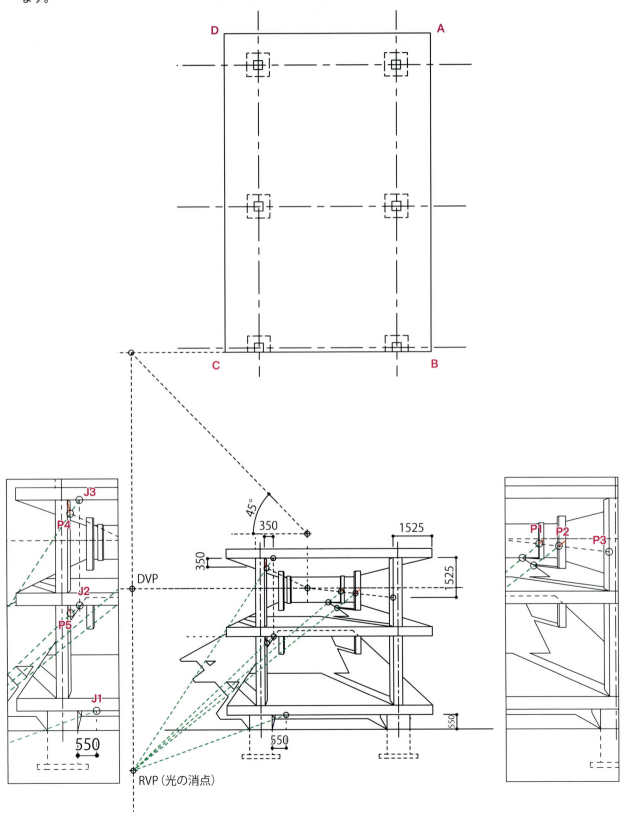

❿ 日照部分と陰影部分の境界線のチェックをして、間違いがなければはっきりと美しい線で仕上げます。

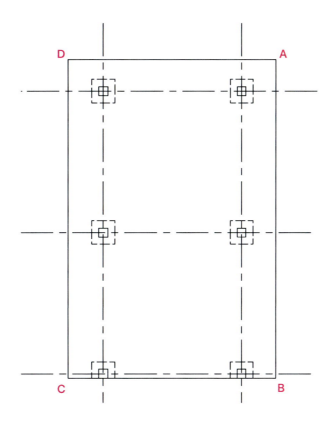

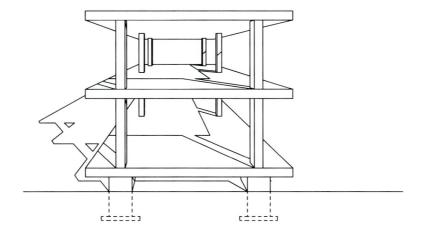

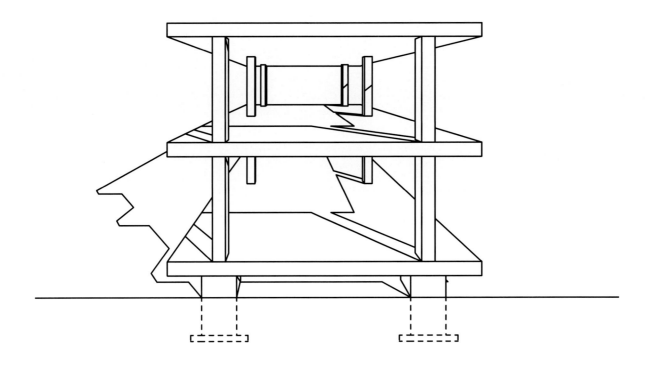

軟らかい鉛筆（B、2Bなど）で陰影をつけます。

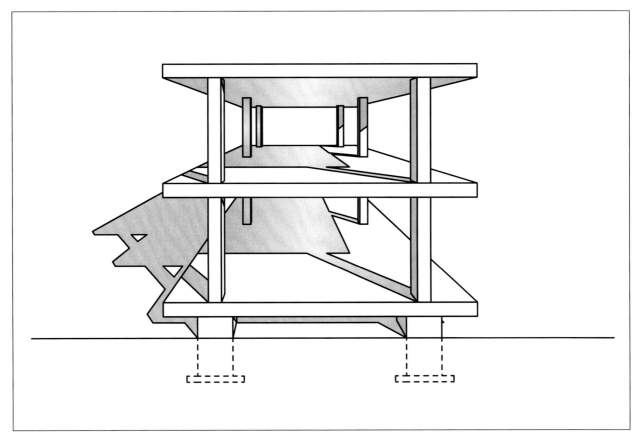

Chapter.8
ドミノシステムのインテリア計画

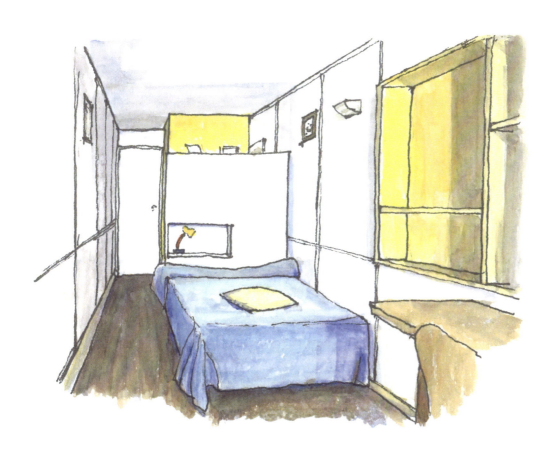

ユニテ・ダビタシオン・マルセイユ　1952
ホテルの客室は、室ごとに赤、黄色、緑など色が使い分けられている。デスク、棚などは造り付けの家具としてデザインされている。

Chapter.8 ドミノシステムのインテリア計画

1. インテリア計画の基礎知識

この章では、これまでに学んだ表現技法の応用として、ドミノシステムを使用した住宅のインテリア計画に取り組みます。まず、設計の手がかりとなる基本的な考え方や知識を身につけましょう。

1) 行為から考えるインテリアの計画

住宅、学校、オフィス、商業施設やさまざまな公共施設など、人が日常的に利用するあらゆる建築空間は、人間が何らかの生活行為を営む場です。インテリア空間の計画にあたっては、その空間でどんな人が、どのような行為をするのかを考え、人々が快適に過ごせる場をつくらなければなりません。

人が何かをするときには、道具や家具、設備などのモノも必要になりますから、行為のための場を計画する際には、それらのモノも含めて空間を考える必要があります。また、快適に過ごすためには、熱、音、光などの環境を整えることも大切です。床・壁・天井や開口部など、行為の場を包み込む空間構成要素については、これらの要件をふまえてデザインしていきます。

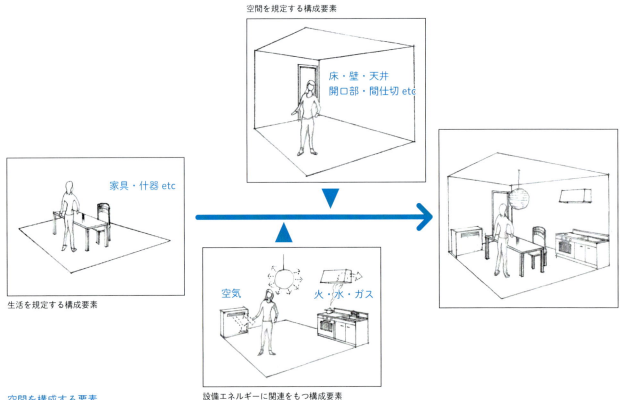

空間を構成する要素

2) 生活行為に必要な空間の大きさ

住宅では、睡眠、食事、家事、接客などのさまざまな生活行為が営まれますから、それらの行為に必要な空間の大きさを把握し、適切に配置する必要があります。行為に必要な空間の大きさは、人体寸法や人間の動きによって決まってきます。人が行為のために手足を動かす範囲を作業域といい、より大きく体を動かす動作や家具を含む範囲を動作空間といいます。実際の生活場面で複数の人の動作が重なる場合もあり、設計の際にはこれらの空間の大きさを知ることが大切です。空間の大きさを知るためには、実際に測ってみるのが一番ですが、『建築設計資料集成』にはさまざまなデータがまとまっています。この節では『建築設計資料集成』から引用した図版を掲載していますので、寸法の単位はcmで表記しています。

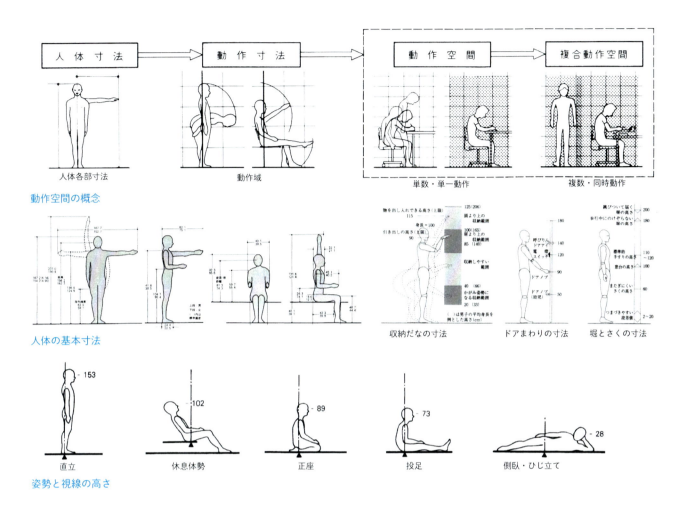

動作空間の概念

人体の基本寸法

姿勢と視線の高さ

3) くつろぎと集いのための空間

はじめにイスやソファに腰かけて休息したり、接客したりする空間の大きさを考えてみましょう。イスから立ち上がる一連の動作はイスの座面高さが低いほどスペースが必要になります。また座面が低いと身体の傾きが大きくなりますから、テーブルを正面ではなく横に配置するなどの配慮も必要です。

接客の場合はサービスのために人が通る空間も必要です。またリビングなどに複数のソファを配置する場合は、日常会話が成立する直径3.0mの会話環を意識しましょう。

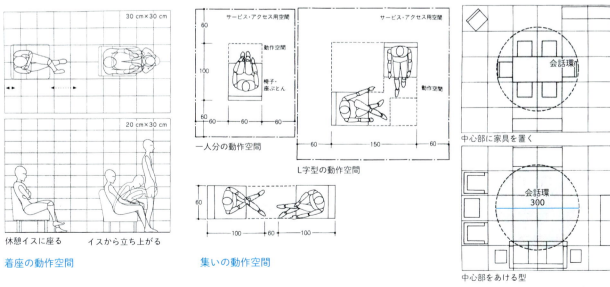

着座の動作空間

集いの動作空間

集いにおける2つの原型と家具配置

4）食事のための空間

食事の動作空間には、イスに腰掛けてテーブルを使うイス座と床に座って座卓を使うユカ座があります。イス座の場合、食卓まわりにはイスを引くスペースや座っている人の後ろを通るスペースが必要です。また、テーブルとイスそれぞれの高さが人体寸法に合っているか、テーブルとイスの高さの差尺にも注意が必要です。

一方、伝統的な座卓と座布団を使用するユカ座の食事場面も多くみられます。イス座に比べ、立ち座りの動作に負担がかかるため、ユニバーサルデザインの観点から減少傾向にありますが、配置変更がしやすく席数の増減も容易なため、会食の場にはよく使われます。

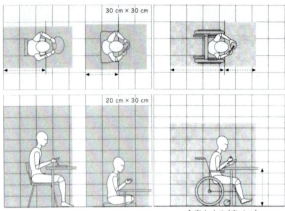

食事の動作空間

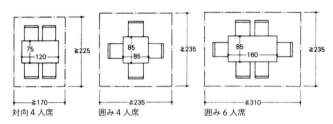

方形テーブルの席数と必要スペース

> **Point**
> テーブルとイスの席数はイスを引いて立ち上がるスペースも含めた大きさになります。

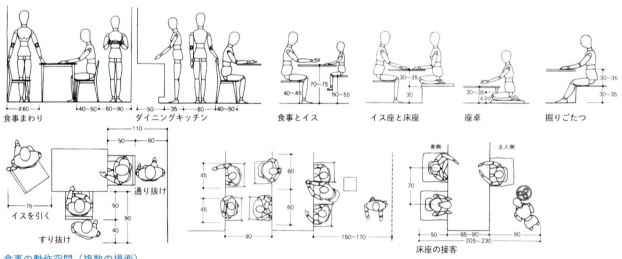

食事の動作空間（複数の場面）

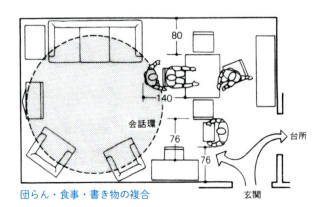

団らん・食事・書き物の複合

> **Point**
> 食事の空間は、調理の空間や、くつろぎ・集いの空間と一体的に計画される場合もあります。
> 複数の行為が行われる空間の計画については121ページを参照してください。

5) 調理のための空間

調理行為には、食材を洗う、切るなどの下ごしらえから、加熱調理、盛り付け・配膳に至るまで複数の作業工程があり、設備機器も不可欠です。住宅の中では最も機能性が要求される空間です。設備機器の配置は作業効率を考え、特に行き来の多い冷蔵庫、シンク（流し）、レンジ（加熱調理設備）の配置に気を配るとともに、下ごしらえや盛り付けのための作業スペースを取ることを忘れないようにしましょう。

また調理器具や食器類は種類も多く、十分な収納スペースが必要です。収納計画では使用頻度の高いものを手の届きやすい位置に配置できるよう、高さ寸法にも気を付けましょう。

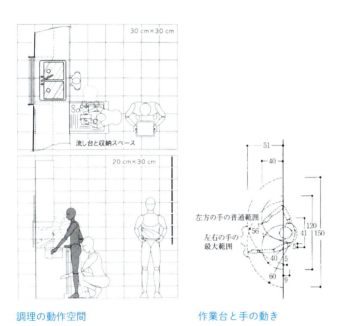

調理の動作空間　　　作業台と手の動き

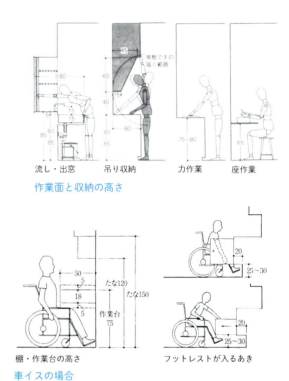

作業面と収納の高さ

車イスの場合

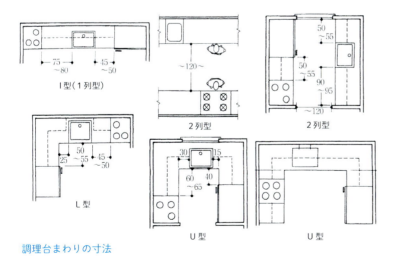

調理台まわりの寸法

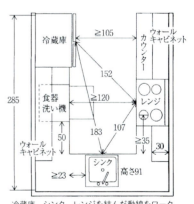

冷蔵庫、シンク、レンジを結んだ動線をワークトライアングルと呼び、効率よく調理を行うためには、3辺の総和が3.6から6m程度が理想とされている

> **Point**
> 諸設備の大きさだけでなく、空間を使う人の動きや、複数の人が行き来する場合にぶつからないような通路の幅なども考えて計画します。標準的な寸法を頭にいれてから、自宅や見学先の建築・インテリア空間など、いろいろな箇所を実際に測って、どのような空間が使いやすく、気持ちが良いかを自分なりに習得してみてください。

6） 洗面・入浴の空間

洗面や入浴も設備機器が必要な行為です。洗面・脱衣所には洗濯機を置く場合も多く、上下水道の配管も必要なため、水まわりとしてまとめられることも多い空間です。

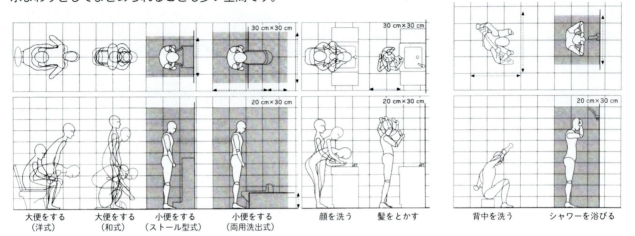

洗面・入浴の動作空間

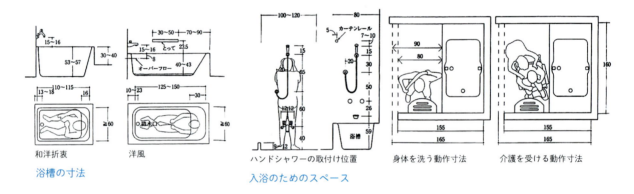

浴槽の寸法　　入浴のためのスペース

7） 移動のための空間

建物の中には、エントランスや廊下など、移動のための空間も必要です。廊下や階段は手すりをつけるスペースも考えて、有効寸法が十分に取れるようにします。また階段は踏面と蹴上げの関係で上りやすさが決まります。上りやすい階段の計算式はいくつかありますが、「蹴上げ×2＋踏面＝自然歩幅」はおぼえておくとよいでしょう。

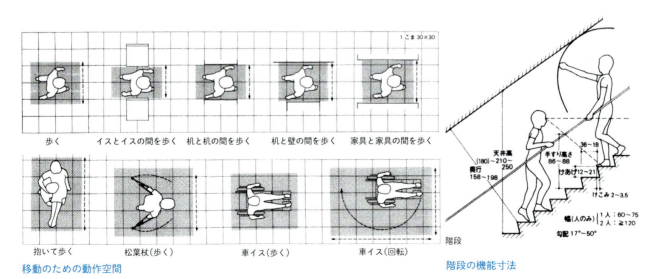

移動のための動作空間　　階段の機能寸法

8) 眠るための空間

睡眠に必要な家具はベッドですが、実際に使うためにはベッドメイキングのスペースも必要です。
また子ども部屋などでは、睡眠だけでなく、勉強や趣味の場として机や収納家具なども置かれます。
一つの室内で複数の行為が行われる場合、同時に起こらないと想定される行為の領域は重ねることができます。

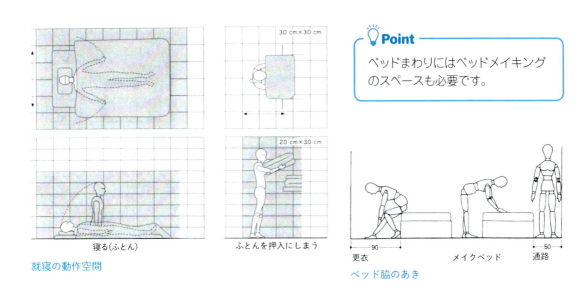

Point ベッドまわりにはベッドメイキングのスペースも必要です。

就寝の動作空間

ベッド脇のあき

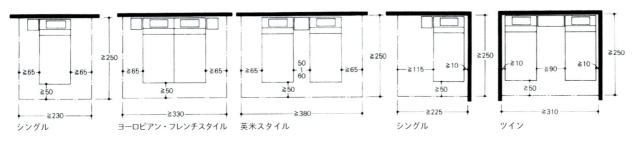

寝具（ベッド、ふとん）の配置と周囲に必要なスペース

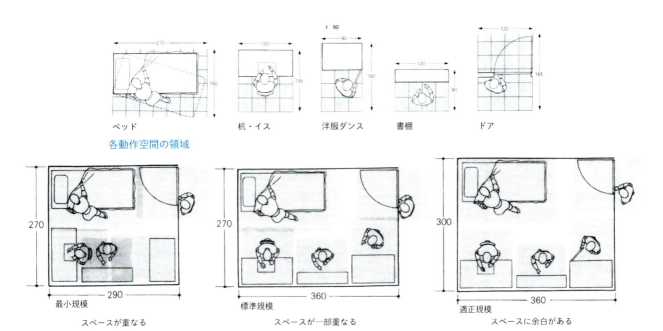

各動作空間の領域

動作空間の重なりと居室規模

Chapter.8 ドミノシステムのインテリア計画

2. ドミノシステムのインテリア計画

Step.1 ゾーニングと動線の計画

さまざまな生活行為に必要な空間の大きさが把握できたら、いよいよインテリアの計画です。まず計画する対象空間の中に行為の場を配置していきます。その際、連続する行為を円滑に行えるように、関連する行為の場はまとめるようにします。

用途から求められる条件の類似した行為の場をゾーンと考えて整理し、そのゾーンごとの配置を検討し、住宅平面へと計画する手法をゾーニングまたはゾーンプランニングといいます。また人やモノの動きの軌跡、その量、方向、変化などを分析して、人やモノの移動を円滑に行えるようにすることを動線計画といいます。

空間配置を決定する基本条件には、行為の連続性のほかに、プライバシー条件、自然環境条件、設備機器の配管、配線、などがあり、条件が同等の空間が複数ある場合は、利用時間の長い空間を優先します。プライバシーに配慮してゾーニングする場合は、玄関付近に接客や食事の場、玄関から最も遠いところに睡眠や個人の場を配置し、中間に家事や洗面・入浴などの水回り空間を配置するのが一般的です。

一例としてドミノシステムの1フロアを集合住宅の住戸に見立てて、行為の場を配置してみましょう。

階段側に出入り口がありますから、住戸の出入り口に近いところに接客・くつろぎの場、食事の場などを配置し、睡眠、入浴・整容の場などは奥に配置します。

実際の計画では日当たりのよさ（方位）や周辺との関係も考慮して適切な場を検討しますが、ここでは図の下を南と想定しています。

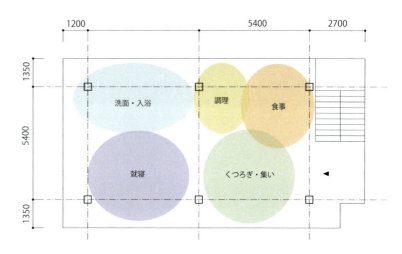

ゾーニングの例

行為に必要な空間の大きさ（広さ）が適切かどうかは、家具や設備機器を入れてみるとよくわかります。

先ほどのゾーニングに家具や設備を当てはめてみると下図のようになります。その際それぞれの行為を行うのに必要な空間の大きさを考えて配置することが大切です。

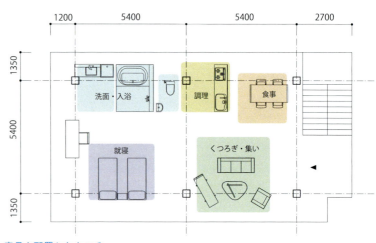

家具を配置したところ

Step.2 行為の場と空間の分節

平面図上で行為の場の大きさが確認できたら、それがどのような空間になっているか立体的にイメージしてみましょう。

それぞれの行為の場を一つのまとまった空間とするには、場と場の境界を形づくる必要があります。

場と場の境界を形づくる手法としてはじめに思いつくのは壁や建具で仕切ることでしょうが、ほかにも家具で仕切ったり、床や天井に段差をつけたり、さまざまな手法があります。

家具やパーティションで行為の場を仕切る場合は、視線を考慮して高さを調整すると、お互いの気配を感じられる緩やかに連続した空間をつくることができます。

仕切りの高さと視覚の関係

高さ(cm)	視 覚
110	座ったままで見通しがきく
120	座った時の視点とほぼ等しく、立てば見通しがよい
150	立った時の視点とほぼ等しく、周りが見通せるので圧迫感が少ない
180以上	人の動きを視覚的に遮るとともに、他からの視線を意識する必要がなく、プライバシーが高い

行為の場を空間として形づくるために、どのような手法を用いるかは、行為の場の質や場と場の関連性によって決めていきます。例えば、現代の住宅では改まった接客場面が少なくなったため、接客・くつろぎの場と食事の場は緩やかに家具で仕切ってもよい空間と考えられますし、その他にも小さい子どもの遊びや学びの場を家族のだんらんの場に設けるなど、行為の場を壁や建具によって閉じなくてもよい場合があり、行為の場のつくり方は、家族構成や住まい方によっても異なります。

先ほどの計画例では、夫婦2人の生活の場を想定しています。夫婦のみで生活する場合は、互いの気配を感じられる程度の仕切り方も可能と考え、まずは収納家具のみで行為の場を形づくってみると、これだけで生活行為の場の領域が少し見えてきます。

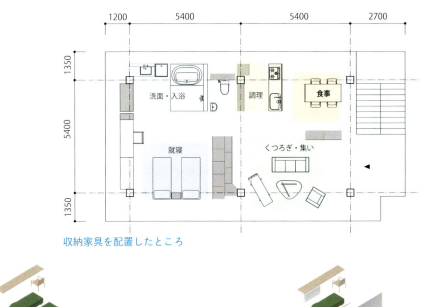

収納家具を配置したところ

行為の場を収納家具で仕切る

Step.3　行為の場の空間デザイン

行為の場の領域が見えてきたら、建築空間を形づくっていきましょう。空間を形づくる主要な空間構成要素は、床、壁・柱、天井と開口部です。それぞれの位置、幅や高さなどのサイズ、材質などにより、空間の印象は大きく異なります。また開口部には、熱、音、光をコントロールする役割があり、行為に適した環境を提供する上でも、開口部のデザインは重要です。以下にいくつかの空間構成手法を紹介します。

・壁…垂直の壁、曲面（アール）の壁、傾斜した壁
・床…スキップフロア、ピット、小上がり、スロープ
・天井…吹き抜け　ヴォールト天井、傾斜天井
・開口部…出入リ口、腰窓、掃出し窓、ハイサイドライト、トップライト

先ほどの計画例に床・壁・開口部を入れて空間を形づくると、下図のようになります。この例では、曲面の壁、床の段差、開口部の種類と高さなどで空間に変化をつけています。1フロアですので、吹き抜けはできませんが、2フロア使えばより多彩な空間をつくることができます。

みなさんもさまざまな空間デザインに取り組んでみましょう！

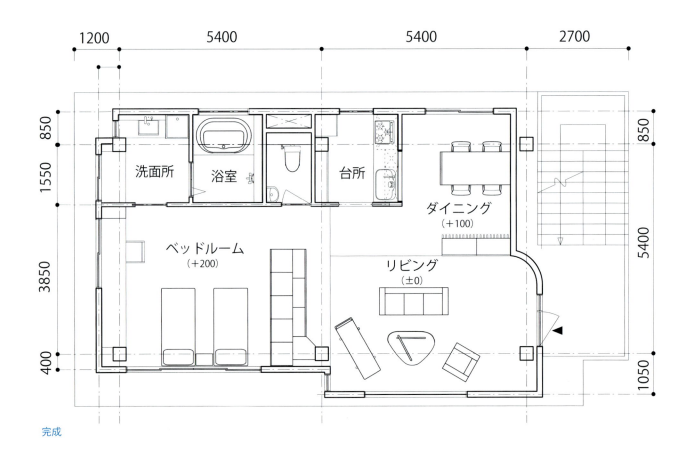

完成

> **Point**
>
> ここでは、ル・コルビュジエのドミノ・システムの空間に、住宅に必要な機能を入れ込んでみました。
> リビング・ダイニング・ベッドルームは一体的な空間として間仕切りをつくらず、家具や床の段差で空間を分節しています。
> ル・コルビュジエの目指した「空間の開放性」をどのように実現するか、みなさんなりのアイディアをデザインしてみてください。

内観パース

リビングからエントランス、ダイニングを見る

ダイニングからリビングを見る

リビング

ベッドルーム

左の平面図を3次元で表現すると、上のようなパースになります。内観パースには家具や内部の仕上げも表現します。パースの作成には手描きとCG（コンピュータ・グラフィクス）があり、デザインのコンセプトや表現したい雰囲気に応じて選択します。

参考文献

- Frank Ching『Architectural Graphics』Van Nostrand Reinhold Co., 1975 (Francis D.K. Ching『Architectural Graphics』John Wiley & sons c2003 4th ed.)
- レナート・デ・フスコ（横山正訳）『ル・コルビュジエの家具』現代の家具シリーズ２、エーディーエー・エディター・トーキョー、1978年
- 武者英二・永瀬克己『建築設計演習／基礎編──基礎編（建築デザインの製図法から簡単な設計まで)』彰国社、1982年
- 住環境の計画編集委員会編『住環境の計画２　住宅を計画する』彰国社、1987年
- 日本建築学会編『第２版　コンパクト建築設計資料集成』丸善、1994年
- 『Le Corbusier Œuvre complète en 8 volumes』Birkhauser　1996年
- セゾン美術館編『「ル・コルビュジエ展」展覧会カタログ』毎日新聞社、1996年
- 東京大学工学部建築学科安藤忠雄研究室編『ル・コルビュジエの全住宅　Le Corbusier HOUSES』TOTO出版、2001年
- 日本建築学会編『建築設計資料集成〈人間〉』丸善、2003年
- 『DVD LE CORBUSIER PLANS』（DVD）丸善出版、2005 〜 2007年
- 日本建築学会編『第2版　コンパクト建築設計資料集成〈住居〉』丸善、2006年
- ジャン＝ルイ・コーエン『ル・コルビュジエ』TASCHEN、2006年
- ジャック・リュカン監修（加藤邦男監訳）『ル・コルビュジエ事典』中央公論美術出版、2007年
- 住まいとインテリア研究会『図解 住まいとインテリアデザイン』彰国社、2007年
- 日本建築学会編『コンパクト建築設計資料集成〈インテリア〉』丸善、2011年

著者（執筆順）

内田青蔵 うちだ せいぞう ［はじめに、コラム］
1953年秋田県生まれ。神奈川大学非文字資料研究センター長、神奈川大学工学部建築学科教授。工学博士。

井上祐一 いのうえ ゆういち ［1、2, 3, 4, 7章］
1951年兵庫県生まれ。建築史家、建築家、有限会社一級建築士事務所アーキラボ所属、NPO法人有機的建築アーカイブ理事、神奈川大学および文化学園大学非常勤講師。一級建築士。博士（工学）。

須崎文代 すざき ふみよ ［5章］
1977年千葉県生まれ。神奈川大学非文字資料研究センター研究員。博士（工学）。

渡邉裕子 わたなべ ゆうこ ［6章］
1970年兵庫県生まれ。文化学園大学造形学部建築・インテリア学科准教授。一級建築士。

谷口久美子 たにぐち くみこ ［8章］
1963年東京都生まれ。文化学園大学造形学部建築・インテリア学科准教授。一級建築士。

用具選びからはじまる製図のキホン
──ル・コルビュジエに学ぶ建築表現

2016年5月10日　第1刷発行
2025年4月1日　第2刷発行

著　者　内田青蔵・井上祐一・須崎文代・渡邉裕子・谷口久美子
発行者　富澤凡子
発行所　柏書房株式会社
　　　　東京都文京区本郷2-15-13（〒113-0033）
　　　　電話　(03) 3830-1891［営業］
　　　　　　　(03) 3830-1894［編集］
装　丁　萩原弦一郎
組　版　有限会社クリエイト・ジェイ
印刷・製本　株式会社デジタルパブリッシングサービス

©Seizo Uchida, Yuichi Inoue, Fumiyo Suzaki, Yuko Watanabe, Kumiko Taniguchi 2016, Printed in Japan
ISBN978-4-7601-4707-6

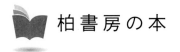 柏書房の本

〈価格税別〉

なりたいのは建築家
──24 ARCHITECTS IN JAPAN

ローランド・ハーゲンバーグ[著]
A5判並製392頁　本体2,500円

世界が注目する日本の建築家24人。彼らの発想、思考、感性が炸裂する、稀代のドキュメント。英語の対訳、各建築事務所＆主要建築物ガイド、ブックガイド「建築家と建築学がわかる100冊」（五十嵐太郎作成）付。

オールカラー
世界台所博物館

宮崎玲子[著]
B5判並製218頁　本体4,800円

北の国では腐らないので冷蔵庫がいらない。南の国では暑いので火は部屋の外に置きたい。世界中の台所を回って、調べ上げ、食事をしてきた著者が、なぜ台所のスタイルがこれほど国ごとに違うのかを説明する。

インテリアデザインの歴史

ジョン・パイル[著]　大橋竜太ほか[訳]
A4変型判上製520頁　本体28,000円

居住の歴史が始まった約6000年前に遡り、宗教建築から現代の個人住居までそれぞれに活かされたインテリアデザインを500点以上の図版とともに紹介。ヨーロッパ、アジア、イスラム圏までを網羅した迫力の一冊。

写真でたどる
ヨーロッパ建築インテリア大事典

田島恭子[著]
B5判上製282頁　本体15,000円

古代文明から現在に至る建築・インテリア様式の変遷を、現存する建築物の写真をふんだんに用いて通史的に解説。建物の外観のみならずインテリアの細部までわかるオールカラー事典。

天皇に選ばれた建築家　薬師寺主計

上田恭嗣[著]
四六判上製284頁　本体2,800円

ル・コルビュジエを見いだして天皇の技師となり、日本で最初にアール・デコを表現した異色の建築家がいた。現代に至るまで多大な影響を与え続ける建築群と「人間味」あふれる生き様を明らかにする。

東アジアの日本人建築家
──世紀末から日中戦争

西澤泰彦[著]
四六判上製232頁　本体2,400円

19世紀から20世紀前半にかけて、満州、台湾、朝鮮には日本人の設計による建築群が多数存在した。植民地を渡り歩いた日本人建築家12名の活動を掘り起こし、建築物＝モノから見た当時の東アジア社会の総体を描く。

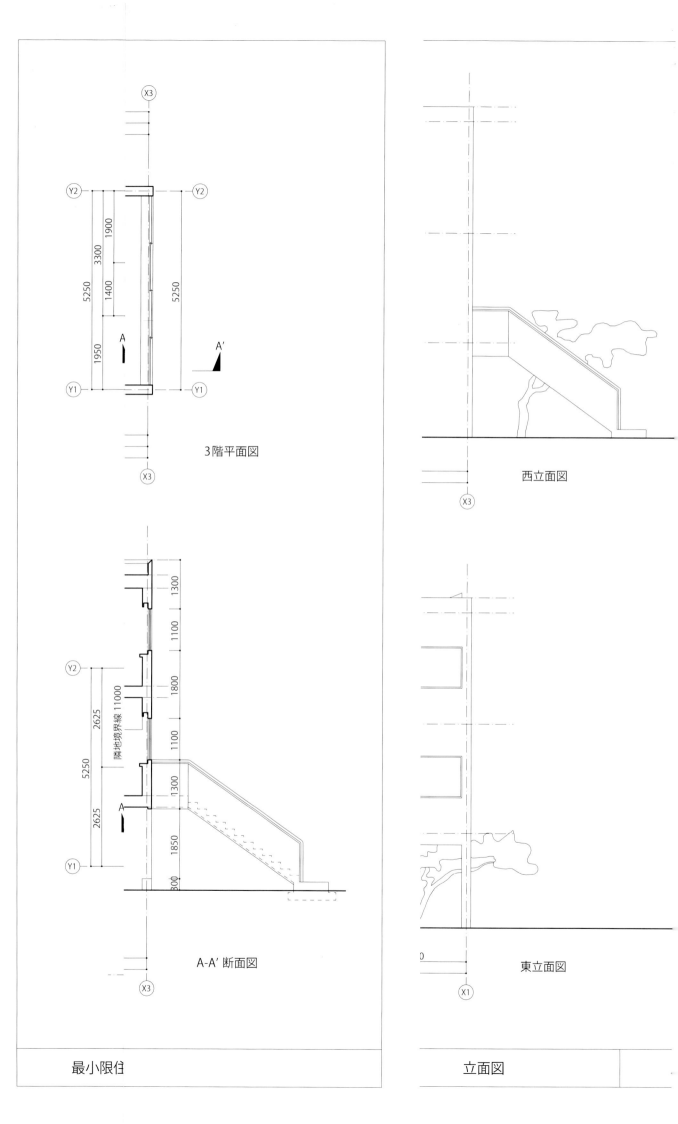

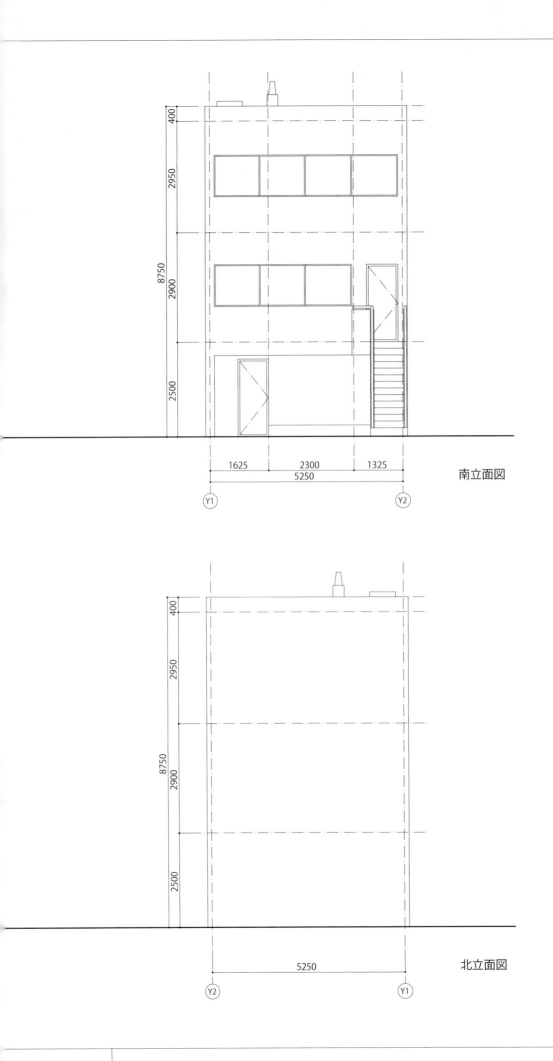